TRÊS DIMENSÕES DO CINEMA
Economia, Direitos Autorais e Tecnologia

TRÊS DIMENSÕES DO CINEMA

Economia, Direitos Autorais e Tecnologia

Organizadores
RONALDO LEMOS
CARLOS AFFONSO PEREIRA DE SOUZA
MARÍLIA MACIEL

Ayo Kusamoto
Charles Igwe
Jorge Fagundes
Luís Fernando Schuartz
Sérgio Branco

Copyright © 2010 Centro de Tecnologia e Sociedade

Esta obra é licenciada por uma Licença Creative Commons
Atribuição — Uso Não Comercial — Compartilhamento pela mesma Licença, 3.0 Brasil.

"Você pode usar, copiar, compartilhar, distribuir e modificar esta obra, sob as seguintes condições:

1. Você deve dar crédito aos autores originais, da forma especificada pelos autores ou licenciante.

2. Você não pode utilizar esta obra com finalidades comerciais.

3. Se você alterar, transformar, ou criar outra obra com base nesta, você somente poderá distribuir a obra resultante sob uma licença idêntica a esta.

4. Qualquer outro uso, cópia, distribuição ou alteração desta obra que não obedeça os termos previstos nesta licença constituirá infração aos direitos autorais, passível de punição na esfera civil e criminal."

Os termos desta licença também estão disponíveis em: <http://creativecommons.org/licenses/by-nc-sa/3.0/br/>

Direitos desta edição reservados à EDITORA FGV, conforme ressalva da licença Creative Commons aqui utilizada.
Rua Jornalista Orlando Dantas, 37
22231-010 | Rio de Janeiro, RJ | Brasil
Tels.: 08000-21-7777 | 21-3799-4427
Fax: 21-3799-4430
E-mail: editora@fgv.br | pedidoseditora@fgv.br
www.fgv.br/editora

Impresso no Brasil | Printed in Brazil

Os conceitos emitidos neste livro são de inteira responsabilidade dos autores.

Grafia atualizada segundo o Acordo Ortográfico da Língua Portuguesa, em vigor no Brasil desde 2009.

1ª edição — 2010

PREPARAÇÃO DE ORIGINAIS: Paulo Telles | REVISÃO: Adriana Alves e Andréa Bivar
DIAGRAMAÇÃO: FA Editoração | CAPA: Gisela Abad e Mariana Melo
IMAGEM DA CAPA: Seagrave | Dreamstime.com

Ficha catalográfica elaborada pela
Biblioteca Mario Henrique Simonsen/FGV

    Três dimensões do cinema: economia, direitos autorais e tecnologia / Organizadores Ronaldo Lemos, Carlos Affonso Pereira de Souza, Marília Maciel. — Rio de Janeiro : Editora FGV, 2010.
    132 p. : il.

    Inclui bibliografia.
    ISBN: 978-85-225-0808-2

    1. Cinema — Aspectos econômicos. 2. Direitos autorais — Cinema. 3. Indústria cinematográfica — Brasil. 4. Indústria cinematográfica — Nigéria. I. Lemos, Ronaldo. II. Souza, Carlos Affonso Pereira de. III. Maciel, Marília. II. Fundação Getulio Vargas.

CDD — 342.28

Sumário

Apresentação **7**

Defesa da concorrência e a indústria de cinema no Brasil **11**
Jorge Fagundes
Luís Fernando Schuartz

A produção audiovisual sob a incerteza da Lei de
Direitos Autorais **81**
Sérgio Branco

A indústria cinematográfica nigeriana **107**
Charles Igwe

Um olhar sobre o cinema nigeriano **125**
Ayo Kusamotu

Apresentação

Este livro é o resultado das pesquisas desenvolvidas pelo Centro de Tecnologia e Sociedade (CTS) da Escola de Direito da FGV, do Rio de Janeiro, no marco do projeto Cultura Livre. O CTS estuda a confluência do desenvolvimento das tecnologias de informação e comunicação com as novas formas de produção e distribuição da cultura. Suas linhas de pesquisa versam sobre novas mídias, modelos de negócio abertos, acesso ao conhecimento e regulação da internet.

O projeto Cultura Livre, que teve início no ano de 2004, conta com o apoio da Fundação Ford. Seu objetivo tem sido repensar e reestruturar três elementos essenciais à sociedade da informação: propriedade intelectual, mídia e produção cultural. A pesquisa visa a dar subsídio ao surgimento de novos modelos de negócio e à promoção de um acesso mais amplo ao conhecimento.

Ao longo dos anos, várias foram as cenas culturais abordadas pelo projeto: da MPB de Noel Rosa ao enorme nicho cultural dos *games*, ou jogos eletrônicos, passando constantemente pela necessidade de refletir sobre a produção audiovisual. Essa preocupação é emblemática do fato de que certas características inerentes à cultura — como sua maleabilidade, capacidade de mutação, apropriação pelo povo e expansão transfronteira — são reforçadas pela emergência das novas tecnologias. A produção audiovisual tem sido largamente transformada pelo avanço tecnológico e pelo modo como as periferias se apropriam dessa tecnologia para produzir e distribuir as próprias narrativas visuais e assistir a elas.

Este livro apresenta uma proposta multidisciplinar de abordagem do tema da produção e do consumo de obras cinematográficas e é composto por três trabalhos. O primeiro realiza uma análise inédita do setor de cinema e da cadeia de produção, exibição e distribuição de filmes, à luz do direito concorrencial. A preocupação foi determinar em que medida a organização econômica do mercado de cinema no Brasil facilita ou dificulta o acesso à produção, distribuição e exibição dos filmes. Uma das questões abordadas é a relação entre a estruturação do mercado de cinema global, predominantemente controlado por Hollywood, em comparação à realidade de países em desenvolvimento. Essa pesquisa é um trabalho desenvolvido pelo professor Luís Fernando Schuartz, que foi professor titular da FGV Direito Rio e conselheiro do Cade. O estudo se deu em parceria com o economista Jorge Fagundes, mestre e doutor em economia pela UFRJ. A parte do texto dedicada ao estudo comparado do mercado de cinema na África do Sul foi desenvolvida pela pesquisadora Heather Ford, vinculada ao Link Centre da Universidade de Wits.

O segundo estudo, intitulado "A produção audiovisual sob a incerteza da Lei de Direitos Autorais", aborda outra questão jurídica de grande importância para o desenvolvimento da indústria cinematográfica no Brasil: a dificuldade de se compreender quais são os limites de utilização de obras alheias na produção de um filme. Em linguagem acessível, o texto auxilia inclusive o leitor não formado em direito a perceber os obstáculos que eventualmente a propriedade intelectual pode representar ao processo criativo e apresenta interpretações dos principais dispositivos aplicáveis da Lei de Direitos Autorais. O trabalho é de autoria do professor Sérgio Branco, da FGV Direito Rio, que combina tanto a formação jurídica (mestre em direito civil pela Uerj) com aquela voltada para a produção audiovisual (MBA em cinema documentário pela FGV).

O livro conta ainda com a transcrição da palestra realizada por Charles Igwe no seminário "Cinema Povo: a experiência do cinema nigeriano", promovido pelo CTS, no Rio de Janeiro, em 11 de maio de 2006. A escolha da Nigéria decorreu do fato de esse país ser o maior produtor de filmes em todo o mundo atualmente, além de contar com um interessantíssimo modelo de produção e distribuição de obras, feitas para serem comercializadas em DVD e por vendedores ambulantes, a preços acessíveis. Os filmes vendem centenas de milhares de cópias, sustentando uma das indústrias mais promissoras do país em termos de geração de empregos.

A palestra transcrita possui um caráter informativo acerca da indústria nigeriana e cria uma relação de complementaridade com os artigos anteriores. Charles Igwe traz uma interessante reflexão sobre como os produtores nigerianos tratam a questão da propriedade intelectual e apresenta um modelo de mercado que tem conseguido suplantar a concorrência do cinema hollywoodiano, por meio de uma cena cultural vibrante.

Em complementação à palestra do produtor Charles Igwe, o livro se encerra com um adendo, denominado "Um olhar sobre o cinema nigeriano", de autoria de Ayo Kusamotu, presidente do Comitê de Tecnologia de Informação e Comunicações da Ordem dos Advogados da Nigéria. Trata-se de um texto apresentado como contribuição do autor ao projeto de pesquisa Open Business, coordenado pelo CTS. O pequeno texto oferece um relato atual sobre as relações entre o combate às infrações à propriedade intelectual e a expansão da pirataria na Nigéria. O autor aponta ainda para uma relação entre o sucesso do cinema nigeriano e o crescimento do mercado pirata de filmes.

Com a reunião dos referidos textos, o livro proporciona um olhar inovador e multidisciplinar acerca da produção audiovisual e mostra-se útil a juristas, produtores culturais e demais interessados pela indústria do cinema. Materializa ainda a convicção do CTS de que a prática da pesquisa deve estar vinculada à reflexão sobre a realidade com atenção permanente às mudanças que entrelaçam o direito, a tecnologia e a sociedade.

A organização e revisão técnica dos textos que compõem o livro foram realizadas por Ronaldo Lemos, Carlos Affonso Pereira de Souza e Marília Maciel. O CTS é grato à dedicação de Bruno Magrani na coordenação do projeto Cultura Livre por quase quatro anos. O seu entusiasmo e liderança foram fundamentais para o sucesso do projeto, especialmente no que se refere à pesquisa (*in loco*) do cinema nigeriano.

Para mais informações sobre as pesquisas realizadas pelo projeto Cultura Livre, acesse: www.culturalivre.org.br.

Equipe do Centro de Tecnologia e Sociedade

Defesa da concorrência e a indústria de cinema no Brasil

*Jorge Fagundes**
*Luís Fernando Schuartz***

Introdução

Este texto tem por objetivo realizar uma avaliação preliminar da indústria do cinema no Brasil, em particular nos segmentos de distribuição e exibição de filmes, sob a perspectiva da política de defesa da concorrência. Trata-se, portanto, de uma análise antitruste dos mercados relevantes associados à cadeia vertical da indústria cinematográfica nacional a partir das informações públicas disponíveis. Dada a carência dessas informações, bem como o caráter privado das políticas comerciais das distribuidoras, não buscamos elaborar um diagnóstico antitruste da indústria em tela, mas sim identificar um conjunto de questões relevantes para o aprofundamento do conhecimento da sociedade sobre a indústria do cinema no Brasil, sob o enfoque da defesa da concorrência.

A indústria do cinema compreende, basicamente, três atividades distintas: produção, distribuição e exibição em diferentes janelas — cinemas, *home video* (aluguel de vídeos ou DVD e venda desses produtos),

---

* Doutor em economia pela UFRJ. Sócio da Fagundes Consultoria Econômica.
** Foi professor da FGV e conselheiro do Cade.

pay per view nas TVs pagas, exibição nos canais de TV por assinatura e TV aberta.

A produção de filmes para cinema pode ser realizada por grandes estúdios de Hollywood, verticalmente integrados à distribuição, de nível mundial, ou por produtores independentes de diferentes países. É uma atividade que envolve a coordenação de diversos recursos profissionais, tais como atores, diretores, roteiristas e técnicos das mais diversas áreas (na maior parte dos países, com exceção dos Estados Unidos, de natureza pública).

Uma vez realizado, os direitos de exibição de um filme são licenciados para distribuidores durante certo tempo, para determinado território e em relação a uma janela em particular, embora a licença possa envolver simultaneamente mais de um território e mais de uma janela. Os distribuidores são responsáveis pela determinação da estratégia de lançamento — número de cópias, marketing, data de lançamento etc. — e pela política de comercialização (valor dos aluguéis para os exibidores, por exemplo).

Para finalizar, os exibidores de filmes para cinema — ou para outras janelas — fazem a distribuição final para os consumidores, havendo forte sazonalidade nas vendas. Deve-se notar a crescente importância das outras janelas para a determinação das receitas totais de um filme, à medida que se difundem os aparelhos de DVD e as assinaturas de TV por assinatura. De fato, as outras janelas já são responsáveis por mais de 50% das receitas obtidas por um filme nos Estados Unidos. Como resultado, existe uma tendência à redução do tempo de exibição dos filmes nas diferentes plataformas. É de se notar também a relevância do mercado internacional: nos Estados Unidos, por exemplo, tal mercado responde por cerca de 40% das receitas das *majors* (grandes estúdios de Hollywood).[1]

Para cumprir seu objetivo, além desta introdução, o artigo está dividido em quatro partes. Primeiramente exporemos, de forma sintética, os objetivos e as áreas cobertas pelas políticas de defesa da concorrência. Na sequência, apresentaremos as principais preocupações — no

---

[1] Walt Disney, Sony Pictures, Paramount (Viacom), Twentieth Century Fox (News Corp.), Warner (Time Warner) e Universal (Vivendi).

âmbito da indústria de cinema — das autoridades antitruste em outras jurisdições, uma análise da indústria no Brasil e, finalmente, um exame da indústria sob a perspectiva da defesa da concorrência, definindo mercados relevantes, inferindo o nível das barreiras à entrada e determinando o grau de rivalidade entre os grupos atuantes, isto é, a existência de poder de mercado.

Breve visão das políticas de defesa da concorrência

A política de defesa da concorrência, no que podemos denominar "enfoque tradicional", é fortemente baseada nas teorias de organização industrial que constituíram o chamado paradigma "estrutura-conduta-desempenho", tal como desenvolvido a partir dos anos 1950 pela "Escola de Harvard". No que segue, são apresentadas as principais proposições normativas da versão contemporânea desse enfoque, que mantém a ênfase estruturalista e se apresenta "modernizado" pela maior preocupação em levar em conta as "eficiências" que podem contrabalançar a presença de configurações de mercado mais concentradas.[2]

1. Objetivos e orientação geral

A política de defesa da concorrência pode ser definida como as ações e os parâmetros regulatórios do Estado que estão voltados para a preservação de ambientes competitivos e para desencorajar condutas anticompetitivas derivadas do exercício do poder de mercado, tendo em vista preservar e/ou gerar maior eficiência econômica no funcionamento dos mercados.[3]

---

[2] Nos últimos 20 anos, a economia e a prática antitruste passaram por uma série de transformações que introduziram, de forma crescente, argumentos de eficiência econômica, sobretudo de caráter produtivo, como justificativa para atos de concentração e determinadas condutas empresariais. Como resultado, os órgãos de defesa da concorrência em diversos países tendem a avaliar não somente os efeitos anticompetitivos, como na antiga tradição, mas também os potenciais impactos em termos de ganhos de eficiência econômica quando do julgamento de condutas horizontais e verticais, fusões, aquisições e *joint ventures* entre empresas.

[3] Farina, 1996:37.

Tal política apresenta duas motivações básicas: (i) o reconhecimento de que atitudes cooperativas e de atenuação da rivalidade entre firmas podem — ainda que não necessariamente o façam — ter resultados negativos sobre a eficiência estática, e mesmo dinâmica, do sistema econômico; e (ii) o reconhecimento de que as firmas podem adotar condutas que gerem benefícios privados a partir de um enfraquecimento da concorrência, tais como a prática de preços predatórios para a eliminação de competidores ou o uso de contratos de exclusividade na distribuição de produtos, para evitar a entrada de competidores potenciais.

A partir dessas motivações, a política de defesa da concorrência busca atuar sobre as condições de operação dos mercados, tanto através de uma influência direta sobre as condutas dos agentes, como também por meio de ações que afetem os parâmetros estruturais que as condicionam.[4] No primeiro caso, a implantação da política consiste basicamente em desestimular e coibir comportamentos ou práticas anticompetitivos — tenham eles uma natureza vertical ou horizontal — por parte de empresas que detêm poder de mercado, ou seja, que são capazes, por suas ações, de gerar situações em que a concorrência é inibida e os consumidores finais, direta ou indiretamente, prejudicados. Trata-se, portanto, de evitar, por meio da ameaça de punição, as condutas empresariais que visem a restringir a ação dos concorrentes, limitar o alcance da competição por intermédio de algum tipo de colusão e/ou impor aos compradores (vendedores) condições desfavoráveis na aquisição dos produtos.

Normalmente, tais condutas são classificadas em dois tipos: (i) as práticas restritivas horizontais, que reduzem a intensidade da concorrência, afetando as interações entre as empresas ofertantes de um mesmo mercado, abrangendo, por exemplo, a combinação de preços, a cooperação entre concorrentes e a construção de barreiras à entrada; (ii) as práticas restritivas verticais, que limitam o escopo das ações de dois agentes que se relacionam como compradores/vendedores ao longo da cadeia produtiva, ou nos mercados finais, incluindo condutas como a

---

[4] Fagundes, 2003:11-17.

discriminação e a imposição de listas de preços por parte dos fabricantes aos distribuidores.

Já a intervenção de caráter estrutural, que também pode ser horizontal ou vertical, procura impedir o surgimento de estruturas de mercado que aumentem a probabilidade de abuso de poder econômico por parte das empresas que o integram. O controle dos assim chamados atos de concentração verticais está focado nas fusões, aquisições ou *joint ventures* entre empresas que se relacionam — ou podem se relacionar — ao longo de uma determinada cadeia produtiva, como vendedores e compradores. Já nos atos de concentração horizontais, a preocupação das autoridades antitruste está direcionada para aquelas situações que envolvem empresas concorrentes em um mesmo mercado, podendo levar a uma eliminação — total ou parcial — da rivalidade entre os agentes envolvidos.

Assim, os controles estruturais buscam limitar a ocorrência e a extensão de fusões, aquisições ou *joint ventures* que visem exclusivamente à dominação de mercados e/ou que impliquem redução do grau de competição nos mercados nas quais se realizam, sem a devida contrapartida em termos de geração de eficiências produtivas. Evidentemente, não se supõe que todos os atos de concentração sejam motivados pelo desejo de monopolizar mercados e gerem efeitos anticompetitivos. A busca por eficiência em termos, por exemplo, de maior aproveitamento de economias de escala ou redução de ineficiências gerenciais, também constitui importante fator explicativo da ocorrência de fusões, aquisições e diferentes formas de parceria entre empresas.

A forma específica pela qual as políticas de defesa da concorrência enfrentam essas questões varia de país para país, embora várias semelhanças possam ser observadas, sobretudo no que diz respeito ao objetivo básico da legislação antitruste de exercer algum tipo de controle sobre atos de concentração e sobre as condutas das empresas que detêm poder de mercado.[5] Ademais, pode-se identificar, para cada área de aplicação das políticas de defesa da concorrência, certas linhas mestras no que diz respeito à concepção econômica que as guia.

---

[5] Para um exame comparado das legislações antitruste em diversos países, ver Brault (1995).

2. Fusões e aquisições horizontais

A análise antitruste de atos de concentração de natureza horizontal é realizada por meio dos seguintes passos básicos: (i) estimativas das participações das empresas no mercado relevante; (ii) avaliação do nível das barreiras à entrada; e (iii) exame das eficiências econômicas geradas pela operação. Em geral, operações que impliquem um aumento considerável do grau de concentração em mercados caracterizados por elevado nível de barreiras à entrada e baixo dinamismo tecnológico, além de não apresentarem evidências da geração de ganhos de eficiência produtiva significativos, tendem a não ser autorizadas pelas autoridades antitruste.

No que se refere à mensuração do aumento do grau de concentração, vale destacar que a delimitação das dimensões do mercado é feita por um instrumento conceitual específico da análise econômica no âmbito da defesa da concorrência, incorporando simultaneamente os aspectos da elasticidade da oferta e da demanda. Assim, o "mercado relevante" de uma operação é definido como aquele no qual, em uma situação hipotética, um eventual monopolista poderia exercer seu poder de mercado, elevando preços e auferindo lucros extraordinários.[6]

Delimitar as fronteiras de tal mercado envolve dois procedimentos:[7]

- identificar as empresas que, seja por fabricarem produtos que são substitutos próximos no consumo, seja por possuírem instalações produtivas que podem rapidamente e sem custos significativos ser redirecionadas para a fabricação dos produtos envolvidos na operação, impedem que um eventual monopolista na oferta destes últimos possa exercer poder de mercado. No jargão da área, tal procedimento define a "dimensão produto" do mercado relevante; e

- delimitar a área geográfica dentro da qual os consumidores — sem custos significativos e em um intervalo de tempo razoável — podem,

---

[6] Possas, 1996.

[7] Para uma exposição detalhada dos procedimentos, ver os *Horizontal Merger Guidelines* (1992) publicados pelas autoridades antitruste norte-americanas (FTC e DOJ).

em resposta a um aumento no preço relativo do produto relevante, substituir nas suas aquisições os vendedores localizados em um dado território por outros situados em regiões distintas. A "dimensão geográfica" do mercado relevante pode ser, portanto, municipal, regional, nacional ou internacional.

Seguindo as proposições do enfoque estruturalista de organização industrial, a presunção de que uma operação gere acréscimo de poder de mercado e efeitos anticompetitivos decorre da avaliação de que o grau de concentração do mercado relevante é alto e será elevado ainda mais pela operação em análise, em um contexto no qual a intensidade da concorrência potencial é baixa — ainda que outros elementos também possam ser levados em conta.

No que se refere ao grau de concentração, este é usualmente aferido por indicadores tais como a participação de mercado das quatro maiores firmas (CR4) ou o índice Herfindahl-Hirschman (HHI), calculado pela soma dos quadrados dos *market shares* individuais das firmas participantes no mercado relevante.[8]

Quanto à concorrência potencial, a análise das condições de entrada é usualmente realizada levando-se em conta as quatro fontes de barreiras à instalação de novos concorrentes, propostas originalmente por Bain (1956), englobando a diferenciação de produtos, as vantagens absolutas de custo, as economias de escala e os requerimentos de investimentos iniciais elevados.

Por último, procura-se avaliar em que medida as eficiências econômicas — cujas raízes, em geral, têm origem nas visões tradicionais, nas características da tecnologia, tais como economias de escala e de escopo —, eventualmente geradas pela operação, podem contrabalançar os efeitos anticompetitivos, derivados do aumento do poder de mercado,

---

[8] Mercados com elevadas concentração e barreiras à entrada não implicam, necessariamente, detenção de poder de mercado por parte das empresas que possuem altos *market shares*. Por exemplo, em indústria que apresenta elevado dinamismo tecnológico, uma intensa participação de mercado pode refletir mais o sucesso inovativo *passado* do que a capacidade atual da empresa de cobrar preços não competitivos. Além do mais, fatores ambientais, ligados ao comportamento dos rivais, também podem gerar pressões competitivas independentes do grau de concentração de mercado.

por sua vez pressuposto a partir do incremento do grau de concentração e manifesto num suposto futuro aumento de preços que reduz o excedente do consumidor.[9] Há, basicamente, duas abordagens para o tratamento das eficiências econômicas, fundamentadas em duas concepções distintas sobre os objetivos das políticas de defesa da concorrência: (i) a abordagem do excedente total; e (ii) a abordagem do excedente do consumidor. Os gráficos a seguir ilustram as duas abordagens.

Gráfico 1 — **Eficiências e excedente total**

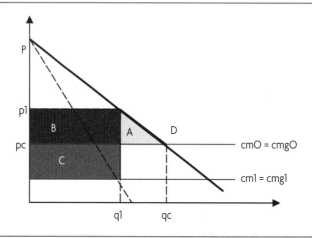

Fonte: Fagundes, 2003.

Supondo um caso extremo, de uma fusão que gere um monopólio, mas que também implique, dada a presença, por exemplo, de fortes economias de escala, redução nos custos marginais — supostos constantes — para $c_1 < c_0$, o preço cobrado seria $p(c_1)$, em que $p(c_1) > c_0$ por hipótese. Nesse caso, os consumidores serão prejudicados com a perda de excedente na magnitude dada pela área (A + B), enquanto o consór-

---

[9] O excedente do consumidor é a quantia que o comprador está disposto a pagar pelo bem menos a quantia que ele paga de fato. No gráfico 1, esse montante é representado pela área acima do preço e abaixo da curva da demanda. O excedente do produtor, por sua vez, é a quantia recebida pelo vendedor menos o custo de produção do produto. O excedente total é o valor que os compradores estão dispostos a pagar pelo bem menos o custo de produção para os vendedores. Cf. Mankiw, 2001:142, 152 [nota do revisor].

cio obterá lucros medidos pela área (B + C). O resultado líquido sobre o nível de bem-estar social será, portanto, dado pela magnitude (C - A), em que a área C representa a redução de custos derivada da fusão e A representa a perda de bem-estar e geração de "peso morto" associada ao preço de monopólio.[10]

A abordagem do excedente total ignora, portanto, o problema da redistribuição de renda (a perda dos consumidores associada à área B). Mas se o objetivo da política antitruste for proteger os consumidores contra o exercício do poder de mercado, então o enfoque do excedente total não será correto: o excedente a ser considerado é o do consumidor. Este jamais pode ser reduzido como resultado do exercício do poder de mercado, proporcionado por um ato de concentração ou pela implantação de uma conduta anticompetitiva. O gráfico 2 ilustra a abordagem do excedente dos consumidores, tomando o preço como variável síntese do exercício de poder de mercado.

Gráfico 2 — **Eficiências e excedente do consumidor**

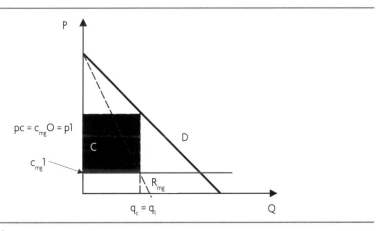

Fonte: Fagundes, 2003.

---

[10] Williamson (1968) demonstra que pequenas reduções de custo unitário (c0 - c1) são suficientes para que o resultado líquido seja positivo, de modo que a fusão produz maior eficiência econômica e ganhos de bem-estar para a sociedade. De acordo com o autor, uma modesta redução nos custos — por exemplo, de 2% — é suficiente para contrabalançar aumentos relativamente grandes de preços (por exemplo, de 10%), mesmo que a elasticidade-preço da demanda seja bastante elevada, como, por exemplo, 2. No entanto, tais resultados são bastante sensíveis à prévia existência de poder de mercado. Cf. também Williamson (1988).

Nesse caso, não há perda de peso morto, tampouco redistribuição de renda (A e B = 0, no gráfico 1), pois os preços pós-operação são pelo menos iguais aos preços pré-operação[11] e, por hipótese, há *sempre* redução de custos *marginais*, de modo que haja um aumento do excedente agregado do produtor (área retangular C > 0).[12] Note-se, portanto, que o critério de aumento da eficiência de Pareto é satisfeito *necessariamente*, já que, após a operação, os produtores terão experimentado ganhos de bem-estar e os consumidores *ou* estarão na mesma situação anterior, *ou* terão obtido ganhos de utilidades. Da mesma maneira, o critério forma, o critério distributivo — nesse caso, baseado em um juízo de valor que estabelece que estratégias empresariais redutoras da concorrência não podem implicar transferência de renda dos consumidores para os produtores — também foi satisfeito, dado que o preço de equilíbrio não é maior do que aquele prevalecente antes do ato de concentração (ou da implantação da conduta anticompetitiva).

3. Integração vertical

A política de defesa da concorrência atua sobre movimentos de integração vertical[13] que envolve aquisições e fusões entre empresas pertencentes a uma mesma cadeia produtiva. Tradicionalmente, duas foram as preocupações das autoridades antitruste face aos movimentos de integração vertical:[14] o aumento das barreiras à entrada; e o surgimento de *foreclosures*, isto é, situações nas quais uma empresa impede que outras tenham acesso ao seu mercado.[15]

---

[11] Pelo contrário, podem ocorrer incrementos no excedente agregado do consumidor, se p1 < pc.

[12] O leitor deve notar que, nesse caso, as reduções de custos que interessam para a aplicação do critério do *price-standard* são aquelas referentes aos custos marginais da firma que, em meu juízo, podem ser substituídos, para efeitos operacionais, pelos custos variáveis.

[13] De acordo com a tipologia da integração vertical, pode haver integração "para trás" ou "para frente". A integração vertical "para trás" se dá quando a empresa incorpora um processo produtivo anterior àquele já dominado por ela. Inversamente, a integração "para frente" envolve a empresa em etapas produtivas posteriores [nota do revisor].

[14] Cf., por exemplo, Hovenkamp (1994:337-339) e Viscusi (1995:224).

[15] Existem outros argumentos ligados aos efeitos anticompetitivos das integrações verticais, tais como o seu uso como mecanismo de viabilização da prática de discriminação de preços e do aumento da facilidade para controlar cartéis. Em particular, os movimentos de integração

Em ambos os casos, a emergência de possíveis efeitos anticompetitivos depende da existência de poder de mercado em pelo menos um dos mercados envolvidos na integração vertical — devendo-se notar que a presença de poder de mercado é condição necessária, mas não suficiente, para que tais efeitos anticompetitivos resultem de um ato de concentração vertical.

No primeiro caso, trata-se da possibilidade de que, ao limitar a capacidade de seus compradores/vendedores de adquirir outros produtos ou serviços que não os seus, um fabricante ou prestador de serviços crie sérios obstáculos para a entrada de seus concorrentes no mercado, "bloqueando" os canais de distribuição disponíveis.[16] Se tal possibilidade se concretizar, o novo entrante seria obrigado a ser verticalmente integrado, produzindo e revendendo seus próprios produtos e serviços, fato que poderia gerar um aumento significativo de seus custos.

Um exemplo hipotético que torna clara a problemática envolvida seria um mercado oligopolizado, formado por quatro empresas de mesmo porte econômico e com os mesmos *market shares*, sendo que duas delas realizam integração vertical para frente. Nessa situação, um novo entrante potencial enfrentaria maiores barreiras à entrada *vis-à-vis* aquelas vigentes antes da integração vertical. São várias as explicações para o fenômeno, tais como economias de escala ou requerimentos mínimos de capital.[17]

---

vertical também foram interpretados como forma de estender o poder de mercado já detido por uma empresa no seu mercado de origem para outro mercado (*leverage theory*). Essa teoria, do ponto de vista econômico, tem sido muito criticada, visto que a geração de ineficiências sociais líquidas somente ocorreria sob um conjunto muito restrito de hipóteses. Cf. Hovenkamp (1994:338-341) e Scherer e Ross (1990:527).

[16] Cf. Sullivan e Harrison (1988:179).

[17] Após a integração, o tamanho do mercado disponível poderia ficar reduzido para novos entrantes, visto que parte dos distribuidores não poderiam adquirir seus produtos ou serviços. Nesse contexto, a emergência de problemas com economias de escala é mais provável: o tamanho do mercado ainda "livre" pode não ser suficientemente grande para permitir a construção de uma planta mínima eficiente. Já os requerimentos mínimos de capital aumentam à medida que, para vencer os obstáculos criados pela integração, o novo concorrente deverá entrar simultaneamente nos dois mercados: produção e distribuição de produtos ou serviços.

No segundo caso, a restrição vertical provoca o fechamento de um mercado para um conjunto de empresas. Na verdade, o argumento de *foreclosure* é bastante semelhante ao anterior, aplicando-se, no entanto, às empresas já instaladas. Por exemplo, imaginemos um mercado formado por um único fabricante de máquinas e por três empresas distribuidoras dessas máquinas. Uma integração vertical para frente por parte do fabricante monopolista "fecharia" o mercado de revenda de máquinas para as duas outras empresas distribuidoras concorrentes.

Recentemente, um novo argumento econômico em relação aos efeitos anticompetitivos derivados da integração vertical foi desenvolvido, partindo da possibilidade de que esta gere um aumento dos custos de rivais da empresa que a realiza.[18] A ideia básica é que a integração vertical para trás pode gerar alterações no comportamento das firmas remanescentes no mercado de insumos, de modo que o preço deles sofra um aumento após a operação, prejudicando os concorrentes da firma integrada no mercado comprador dos insumos. O gráfico 3 ilustra o argumento.

Se a firma A adquire um fornecedor de insumos, tornando-se autossuficiente em relação ao mesmo, esta pode passar a praticar o preço de transferência p_o, igual ao custo marginal[19] do fornecedor. Supondo que o mercado de insumos permanecesse competitivo após a integração vertical, as novas curvas de demanda e oferta, D' e S', continuariam a se interceptar ao preço p_o, de modo que os rivais da firma A não incorreriam em nenhuma desvantagem. Se a estrutura do mercado de insumos se altera pela integração vertical, de forma a que as empresas remanescentes passem a se comportar monopolisticamente, o novo preço do insumo para os rivais será p*, gerado a partir da quantidade Q*, em que a receita marginal (RM') iguala o custo marginal S'.

---

[18] Ordover, Saloner e Salop, 1990.

[19] O custo marginal representa a medida do aumento do custo total de produção, se for produzida uma unidade adicional do bem. Cf. Mankiw (2001:278) [nota do revisor].

Gráfico 3 — **Aumento dos custos dos rivais devido à integração vertical**

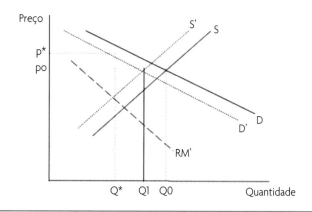

Fonte: Viscusi, Vernon e Harrington, 1995:228.

4. Fusões e aquisições conglomeradas

As fusões ou aquisições conglomeradas — isto é, realizadas entre empresas situadas em mercados relevantes distintos — são vistas como potencialmente anticompetitivas à luz das teorias da concorrência potencial, em suas duas vertentes, a teoria do "entrante potencial percebido" (*perceived potential entrant*) e a do "entrante potencial efetivo" (*actual potential entrant*).[20] Na primeira delas, os possíveis efeitos anticompetitivos de uma operação de aquisição, fusão ou associação entre uma empresa já instalada no mercado e um entrante potencial resultam de uma redução da ameaça de entrada que estaria impedindo uma elevação de preços e margens. Já na segunda, supõe-se que um processo de entrada já estaria em vias de ser desencadeado pelo competidor potencial participante da operação, de modo a evitar que uma estrutura de mercado mais desconcentrada — e supostamente mais competitiva — se configure no futuro próximo.[21]

---

[20] Na verdade, o uso do termo "teoria" nesse contexto é impreciso, embora já faça parte do jargão na área, pois o que se tem são duas hipóteses acerca de como a concorrência potencial afeta o desempenho do mercado, o que veremos a seguir.
[21] Para uma exposição dessas teorias, ver Ross (1993:360-361) e Kaplan (1980).

A aplicação da primeira das teorias pressupõe a existência de certas condições estruturais no mercado relevante, a saber: (i) o grau de concentração das vendas deve ser bastante elevado, visto que se o mercado já se comporta de forma competitiva, a presença do competidor potencial será inócua; (ii) a empresa adquirente deve ser a única ou uma das poucas em condições de realizar a entrada, de modo que seu desaparecimento enquanto competidor potencial seja suficiente para afetar os preços dos produtos do mercado; e (iii) a aquisição não resulte em incremento da competição no mercado relevante. Tal incremento ocorre, em geral, quando a empresa adquirida não detém posição dominante.

A segunda teoria depende menos de fatores subjetivos referentes às expectativas das empresas estabelecidas, pois está baseada no argumento de que a competição no mercado relevante teria efetivamente sido incrementada caso a empresa entrante tivesse realizado investimentos na instalação de nova capacidade, em vez de optar pela compra de uma empresa já existente. Contudo, sua aplicação requer que as autoridades antitruste realizem um exercício contrafactual cuja confiabilidade nem sempre é satisfatória, de maneira que o maior problema na utilização dessa teoria está relacionado com a prova de que a concorrente potencial iria, de fato, efetivar sua entrada no mercado relevante; ou seja, no fornecimento da evidência de que a entrada, via adição de capacidade, ocorreria.[22]

Na verdade, ambas as teorias são frequentemente criticadas por serem excessivamente especulativas e exigirem das autoridades antitruste uma capacidade de analisar e prever decisões privadas e suas consequências, o que não existe. Além disso, as condições estruturais necessárias para que os efeitos anticompetitivos ocorram se verificam com pouca frequência. Isso tem levado vários autores a adotarem uma posição cética quanto à capacidade de essas "teorias" de entrantes potenciais percebidos ou efetivos constituírem um instrumento confiável

---

[22] Para uma apresentação sintética das condições que aumentam a probabilidade da validade dos argumentos associados à teoria da concorrência potencial, ver Hovenkamp (1994:250); Sullivan e Harrison (1988:191-196); ou os *1984 Non-Horizontal Merger Guidelines* do Departamento de Justiça dos Estados Unidos.

Defesa da concorrência e a indústria de cinema no Brasil

para, na grande maioria dos casos, sugerir a proibição ou imposição de restrições a uma operação de *conglomerate merger*.[23]

As fusões e aquisições conglomeradas também podem ser vistas como uma forma de aumentar o poder de mercado de uma das empresas no(s) seu(s) mercado(s) original(is) de atuação — um argumento desenvolvido pela assim denominada *entrenchment theory*. Em geral, tal efeito está ligado às seguintes possíveis condutas pós-aquisição, todas relacionadas ao aumento de poder de mercado da firma adquirente:

- as possibilidades de acordos de exclusividade na compra ou venda de mercadorias aumentam, na medida em que o leque de produtos fabricados pela firma adquirente é maior. Tais possibilidades são claras quando existe monopólio em um dos mercados nos quais a empresa atua;
- vendas casadas ficam facilitadas, quando a fusão ou aquisição ocorre entre empresas que fabricam produtos dentro da mesma cadeia produtiva; e
- a prática de preço predatório e estratégias de bloqueio à entrada de novas firmas também se tornam mais factíveis — por exemplo, o poder financeiro associado à empresa pós-aquisição, relativo ao domínio de um mercado monopolizado, pode capacitá-la para o exercício de uma política de preços predatórios em mercados mais competitivos.

5. Práticas restritivas verticais

As práticas restritivas verticais abrangem uma ampla variedade de condutas e relações contratuais entre compradores e vendedores ao longo de uma determinada cadeia produtiva, em sua maior parte consistindo em limitações impostas pelos fabricantes de produtos ou serviços sobre as ações de agentes econômicos nas etapas anteriores ou posteriores à sua na cadeia de produção.[24] Nesses casos, as empresas vendedoras

---

[23] Cf., por exemplo, Horowitz (1981), Kaplan (1980), Sullivan e Harrison (1988:191-963) e Hovenkamp (1994:502).

[24] Sullivan e Harrison, 1988:147.

(compradoras) tentam impor às firmas compradoras (vendedoras) de seus produtos ou serviços determinadas restrições sobre o funcionamento normal de seus negócios.

Entre as numerosas práticas verticais, destacam-se as seguintes, na literatura e na jurisprudência internacionais:[25]

- FIXAÇÃO DE PREÇOS DE REVENDA (*resale price maintenance* ou RPM), pela qual um produtor estabelece os preços — máximos, mínimos ou rígidos — a serem praticados na venda final pelos distribuidores ou revendedores de seus produtos;

- ACORDOS DE EXCLUSIVIDADE (*exclusionary practices*), pelos quais duas empresas relacionadas verticalmente acordam realizar suas transações de forma exclusiva — tipicamente, um produtor ou distribuidor/revendedor se compromete a comprar ou negociar com exclusividade produtos de um dado fornecedor;

- VENDA CASADA (*tying* ou *tie-in*), em que uma empresa vende à outra ou ao usuário final um conjunto de produtos e/ou serviços apenas de forma conjunta, recusando-se a comercializá-los separadamente;

- RECUSA DE NEGOCIAÇÃO (*refusal to deal*), quando uma empresa (que tanto pode ser o fornecedor/produtor de determinado bem ou serviço quanto o seu comprador/distribuidor) se recusa a vendê-lo ou comprá-lo de outra empresa em condições consideradas normais no mercado;

- DISCRIMINAÇÃO DE PREÇOS, que consiste na prática de ministrar preços diferentes para clientes diferentes;

- RESTRIÇÕES TERRITORIAIS E DE BASE DE CLIENTES, em que tipicamente um produtor/fornecedor limita contratualmente a área de atuação dos seus revendedores ou distribuidores, seja em termos geográficos ou quanto a certas características dos clientes; e

- PREÇOS NÃO LINEARES (ou ainda *franchise fee*, ou tarifas em duas partes), em que, contratualmente, o montante recebido pelo distribuidor, por exemplo, é composto por duas partes: uma fixa (*franchise fee*), independentemente da quantidade comercializada, e outra variável. Como resultado, o custo unitário de aquisição do produto pelo dis-

---

[25] Fagundes, 2006.

tribuidor diminui como função do volume comprado do produtor, encorajando a compra de mais unidades.

De forma geral, as principais, ainda que não exclusivas, preocupações dos órgãos de defesa da concorrência nos casos de restrições verticais encontram-se nos seus potenciais efeitos anticompetitivos de caráter horizontal, sobretudo no que diz respeito à criação de barreiras à entrada nos mercados de comercialização do produto; e na coordenação das ações dos distribuidores no sentido de diminuir a rivalidade e a competição entre eles.

Nos casos que implicam o aumento das barreiras· à entrada ou a emergência de *foreclosure*, as condutas verticais de uma empresa fornecedora de produtos ou serviços (ou compradora de insumos) podem tornar-se, portanto, anticompetitivas, sendo reprimidas, em geral, pela legislação antitruste de diversos países. Os contratos associados a tais condutas são, na verdade, um mecanismo alternativo à opção de integração vertical por parte da empresa vendedora, constituindo, segundo Viscusi e colaboradores (1995:239), uma espécie de integração "contratual".

No entanto, para que as práticas restritivas verticais tenham efeitos anticompetitivos, duas condições básicas devem estar presentes, segundo Hovenkamp (1985):

- a empresa fornecedora de produtos ou serviços geradora das restrições verticais deve possuir poder de mercado, ou seja, elevada participação no mercado relevante; e
- a conduta vertical deve eliminar parcela substancial dos canais de distribuição dos produtos e serviços dos concorrentes potenciais no mercado relevante. Isto é, uma parcela substancial do mercado relevante deve ser afetada pela restrição vertical sob julgamento, de modo a elevar as barreiras à entrada para concorrentes potenciais.

Por outro lado, tais condutas também são capazes de gerar eficiências econômicas, em especial no que tange à economia de custos de transação. Evidentemente, as práticas restritivas verticais são um comportamento legítimo, desde que as mesmas permitam a alocação com mais eficiência, ou seja, com menor dispêndio de recursos econômicos, de mercadorias e de serviços do produtor ao consumidor final, sem restrições desnecessárias ao princípio da livre concorrência e sem gerarem redução do excedente dos consumidores. Por esse motivo, as condutas verticais — ao contrário das horizontais (cartéis e preços predatórios) — são analisadas pela *regra da razoabilidade* (*rule of reason*), que determina o exame, caso a caso, do balanço dos efeitos anticoncorrenciais *vis-à-vis* os prováveis ganhos de eficiência de cada conduta vertical específica.

A defesa da concorrência e a indústria do cinema: algumas lições da experiência internacional

As autoridades antitruste dos países mais desenvolvidos e com maior tradição em defesa da concorrência têm concedido, historicamente, à indústria do cinema, uma especial atenção. As razões para isso, possivelmente, não estão apenas em preocupações *especificamente concorrenciais* de que certas práticas restritivas possam resultar de estruturas de mercado relativamente concentradas. Além disso, é plausível supor que razões de *política cultural* também ajudem a explicar, em algum grau, esse lugar de destaque. De fato, a indústria do cinema é um importante segmento da denominada "indústria cultural", a qual a sociedade moderna delegou boa parte da responsabilidade pelo fornecimento dos insumos usados na formação das visões do mundo, convicções e opiniões individuais e coletivas que, por sua vez, influenciam as decisões das quais se alimenta o sistema político.

Na atenção dispensada à indústria do cinema pelas autoridades antitruste ressoa, consequentemente, um pouco da crença de que a concorrência é um fator importante para assegurar a constituição e a reprodução de uma esfera cultural suficientemente pluralista, descentralizada, autônoma e democrática. Evidentemente, maior competição, no sentido técnico-antitruste, não resulta necessariamente em maior desconcentração de poder econômico na indústria cinematográfica, e mesmo esta, por si só, não é de modo algum garantia de valor do que se produz, distribui e exibe em um determinado lugar e tempo. O ponto é que a concentração de mercado viabiliza certas restrições horizontais e verticais à concorrência que *podem* prejudicar o desenvolvimento sociocultural de um país ou região ao obstaculizar, artificialmente, certas manifestações culturais, o acesso aos canais mais relevantes de difusão, no limite impedindo o seu surgimento como resultado da ausência de incentivos econômicos.

Mesmo considerando o potencial efeito catalisador que essas preocupações de política cultural possam exercer, no entanto, é difícil acreditar que a indústria do cinema experimentará grau semelhante de intervenção por parte de uma autoridade antitruste como o observado na primeira metade — sobretudo nas décadas de 1930 e 1940 — do século passado nos Estados Unidos. Em alguns casos, que passaram a ser conhecidos posteriormente como Paramount cases, tal intervenção veio a alterar radicalmente a face da indústria norte-americana. Como consequência de denúncia oferecida em 1938 pelo Departamento de Justiça do governo americano contra a Paramount Pictures, foi definido em 1948, pela Suprema Corte, um conjunto de medidas determinando a cinco dos oito maiores distribuidores americanos (Loews, Paramount, Twentieth Century-Fox, RKO Pictures e Warner Brothers) que alienassem os cinemas a eles pertencentes (vale dizer, que se "desintegrassem" verticalmente). Determinou-se ainda a esses e a três outros distribuidores não verticalmente integrados (Columbia Pictures, Universal Pictures e United Artists) que se abstivessem de praticar condutas qualificadas de monopolistas e discriminatórias pela Corte, entre as quais: a fixação de preços mínimos para contratos de licenciamento, o *block booking* (i.e., o condicionamento do licenciamento de um determinado filme à aquisição da licença para a exibição de outro filme), o *broad blind selling* (i.e., a negativa a exibidores da opção de recusar, em um período razoável de tempo e após inspecionar seu conteúdo, certo percentual de filmes licenciados "às escuras"), e a vedação à negociação de contratos de licenciamento que não "cinema a cinema" e "filme a filme".[26]

Parece haver certa discórdia entre comentadores de que o conjunto de medidas consubstanciadas nos *Paramount decrees* teria sido desnecessário e eventualmente contraprodutivo, sobretudo para os agentes

---

[26] Ver, a respeito, Whitney, 1955; De Vany e McMillan, 2004.

que visava proteger, a saber, os exibidores independentes. Para De Vany e McMillan (2004:151):

> *Paramount's remedies did not have their intended effect (...) and they eventually harmed the independent exhibitor. They promoted wider competition for film exhibition rights and reduced production, which raised motion picture rental rates and admission prices. The higher film rental rates lowered exhibitor net profits (...). Perhaps the definitive test of whether Paramount improved the lot of the independent exhibitor is to look at their own action. Just a few years after the studios sold their theaters, exhibitors, fearing television, called on the Department of Justice to let the studios reenter exhibition so that they might have stronger incentives to produce motion pictures.[27]*

A opinião de Whitney (1995:493), por sua vez, escrita apenas uns poucos anos após a decisão final, foi bem mais otimista em relação ao impacto das medidas antidiscriminatórias, registrando, contudo, que *"only a minority of theaters (...) received a practical gain"* [apenas uma minoria de cinemas obteve ganhos na prática].[28] E o público consumidor? Segundo Whitney (1995:497), a esperança do Departamento de Justiça

---

[27] Tradução livre: "As medidas da Paramount não surtiram o efeito desejado (...) e acabaram prejudicando o exibidor independente. Promoveram maior concorrência pelos direitos de exibição dos filmes e reduziram a produção, o que elevou as taxas de aluguel e os preços de admissão de filmes. As taxas de aluguel mais altas diminuíram o lucro líquido dos exibidores (...). Talvez se possa saber em definitivo se as medidas Paramount de fato melhoraram a situação dos expositores independentes ao olhar o próprio destino dessas medidas. Alguns anos após os estúdios venderem seus cinemas, os exibidores, com medo da televisão, solicitaram ao Departamento de Justiça que deixassem os estúdios entrarem novamente no negócio de exibição, para que pudessem ter mais incentivos para produzir filmes".

[28] Ainda segundo Whitney (2005), "[t]*he aim of the whole case was to win for exhibitors protection against being forced to sell out if their location and policies proved profitable, against being forced automatically into subsequent runs behind long clearances, and against being forced to accept bad films as the price of getting good ones (...) The motion picture decrees, in the light of their aims, can be classed as highly successful.*" Tradução livre: "[O] objetivo de todo o processo era conseguir proteger os exibidores para que não fossem forçados a se vender se sua localização e políticas se mostrassem rentáveis, para que não fossem forçados automaticamente a adquirir lançamentos subsequentes após longos prazos para liberação e para que não fossem forçados a aceitar filmes ruins como o preço a pagar para conseguir filmes bons (...). Os decretos, à luz dos seus objetivos, podem ser classificados como altamente bem-sucedidos".

era que, com o fim do *block booking* e o fato de as *majors* terem que licenciar os seus filmes em um mercado aberto e todos os cinemas se tornassem desimpedidos para exibir filmes independentes, a qualidade dos filmes aumentaria. O resultado líquido, supostamente, teria refletido um incremento da qualidade média da produção cinematográfica subsequente aos *Paramount decrees*, que veio porém acompanhado de um aumento dos preços nas bilheterias, explicado, entre outros fatores, pela elevação nos custos de distribuição associada à proibição da prática de *block booking*.

Independentemente do juízo de valor que se venha a fazer *ex post* a respeito do desfecho do caso Paramount, é importante que a discussão das suas implicações para fins de formulação de políticas públicas (por exemplo, a discussão sobre a necessidade ou não de intervenção no setor e, em caso positivo, se sua forma mais apropriada seria a intervenção antitruste de um tipo estrutural, comportamental ou misto) seja relacionada à discussão das condições de adequação do juízo *ex ante* que a autoridade tem que fazer quando confrontada com uma denúncia de prática anticompetitiva, ou a apresentação de um ato de concentração (e.g., uma integração vertical entre um dado distribuidor e um dado exibidor). *Ex ante*, o problema de decisão da autoridade antitruste é um problema de decisão sob incerteza, em que, normalmente, nem os *payoffs*, nem as probabilidades associadas aos diferentes estados do mundo, são conhecidos com uma margem de erro suficientemente pequena. Além disso, a existência de divergências quanto aos efeitos da decisão tomada e de mais de uma explicação plausível para os fatores determinantes de seu eventual insucesso relativizam o valor da experiência passada enquanto guia para a decisão futura. Nessas circunstâncias, a decisão adequada, em boa parte das vezes, é a que resulta da aplicação ao caso concreto de alguma heurística ou "regra de bolso" que seja tecnicamente consistente *em principio*, por exemplo: "se a empresa X detém poder de mercado e é integrada verticalmente a jusante, deve-se cuidar para que X não venha a discriminar os seus concorrentes a jusante, aumentando artificialmente os seus custos ou eliminando-os do mercado".

A nosso ver, essas características gerais dos processos de aplicação do direito da concorrência ajudam a entender por que as preocupações manifestadas *atualmente* nas jurisdições com maior tradição nessa área são, em geral, similares àquelas que originaram a atuação do governo norte-americano no caso Paramount. Indicações nesse sentido podem ser extraídas de um documento recentemente publicado pela OECD (1996) e intitulado "Competition Policy and Film Distribution",[29] que inclui contribuições de seis países (Estados Unidos, Portugal, Reino Unido, Alemanha, Austrália e Suíça), além daquela da Comissão Europeia, a respeito das suas respectivas políticas de defesa da concorrência relacionadas ao segmento de distribuição de filmes. Na parte inicial desse documento (p. 8-9), que sumariza a discussão realizada entre os representantes das mencionadas jurisdições, encontram-se as seguintes asserções sobre os efeitos competitivos que podem estar ligados a integrações e/ou restrições verticais (a jusante ou a montante) envolvendo distribuidoras:

> *By controlling the distribution of their films, producers and distributors can improve economic efficiency and ensure that their films are shown. But in addition, if concentration in these industries is high, and entry difficult, vertical integration may squeeze out competition from independent producers and exhibitors. When examining the principal restrictive practices implemented, it is therefore important to distinguish between those which improve efficiency and those which have a negative effect on competition.*[30]

Isso soa como boa e velha ortodoxia antitruste aplicada à análise de integrações verticais. No caso particular, a ideia é evitar a criação de situações em que o distribuidor integrado verticalmente veja-se incentivado a discriminar exibidores não pertencentes ao mesmo grupo econômico, mas sem deixar de levar em conta os possíveis ganhos de eficiência pro-

---

[29] Disponível em: <www.oecd.org/dataoecd/34/21/1920038.pdf>.

[30] Tradução livre: "Ao controlar a distribuição de seus filmes, produtores e distribuidores podem melhorar a eficiência econômica e garantir sua exibição. Mas, além disso, se a concentração dessas indústrias é elevada e a entrada é difícil, a integração vertical pode minar a concorrência de produtores e exibidores independentes. Por isso, ao examinar as principais práticas restritivas implementadas, é importante fazer a distinção entre aquelas que melhoram a eficiência e aquelas que têm um efeito negativo sobre a concorrência".

dutiva gerados pela integração. Quanto às estratégias de discriminação citadas no referido documento, é interessante assinalar que algumas delas são (e.g., o *block booking* e o *blind selling*), em uma medida não desprezível, essencialmente as mesmas que aquelas verificadas quase 60 anos antes pelas autoridades antitruste norte-americanas:

> *Cinema operators claim that producers and distributors treat cinemas differently according to whether or not they are integrated. Cinemas belonging to circuits and also vertically integrated allegedly are given greater opportunity to exhibit blockbusters, and are also granted deductions in rental fees when they show two films, an extended exhibition period and special preview exhibitions. On the other hand, cinemas which are not part of a circuit and not vertically integrated may find themselves subject to a number of constraints, in particular as regards:*
>
> - *First runs, which allow maximum revenue to be gained from films shown in the form of a series of distribution in cinemas across the country, producers generally reserve this type of distribution for cinemas with a high turnover, most often belonging to a powerful circuit. Films are then distributed in cinemas with a lower turnover until their box-office potential is exhausted.*
> - *The length of the distribution period, the requirement that this period be relatively long (4 weeks or more) as a condition of licensing popular films reduces the ability of cinemas with a limited number of screens to meet consumer demand and aggravates the problems encountered by independent producers.*
> - *The setting of a clearance period between the end of a film's first run and the time when it may be reshown in cinemas which, particularly if this is a long period, allows more income to be obtained from the first run. If the clearance period is very long a film will exhaust its box-office value and in consequence the operators who have negotiated subsequent distribution of the film will in reality be out in the cold. Moreover, what income there is to be earned from redistribution will be captured by video and television.*
> - *Zoning, which consists of setting geographic boundaries within which a given cinema will have exclusive exhibition rights. This practice ensures that the cinema operator will obtain the largest possible audience for his film and*

will prevent other cinemas nearby from competing for the viewers who want to see that particular film. In defense of the practice, however, it is pointed out that a reasonable zone of exclusivity is necessary to induce the cinema operator to provide adequate promotion for the film.

- *Block booking, which is a form of tying, and which is the practice whereby authorization to show a film or a package of films is granted on condition that the operator also takes one or more other films from the distributor. This provides an outlet for poorer quality films or those with limited box-office potential. Where a producer is linked by contract with the biggest stars, cinema operators are well advised to take his less commercial films if they want to have the more commercial ones. This practice, which prohibits bidding for films cinema by cinema, makes it impossible for small competitors to obtain first runs and gives an advantage to those who are affiliated to a major network.*

- *Blind bidding, which is the practice whereby a distributor requires an operator to order a film without prior viewing.*

- *Advance payments, which are made by the cinema operator before distribution of the film as security or to effect payment under a distribution agreement.*

- *A guarantee, which is a minimum amount the cinema operator guarantees the distributor in return for authorization to show a given film.*[31]

---

[31] Tradução livre: "Operadores de cinema afirmam que os produtores e distribuidores tratam os cinemas de forma diferente, caso estejam ou não integrados. Cinemas que pertencem aos circuitos e também aqueles verticalmente integrados têm maior oportunidade de exibir filmes *blockbuster*. Além disso, a eles são concedidos descontos nas taxas de aluguel quando exibem dois filmes, quando os filmes têm um período de exposição prolongada ou quando há exibições prévias especiais. Por outro lado, os cinemas que não fazem parte de um circuito integrado verticalmente podem encontrar-se sujeitos a uma série de limitações, nomeadamente no que diz respeito:

- aos lançamentos, que permitem rendimento máximo a ser obtido a partir de exibições sob a forma de uma cadeia de distribuição nos cinemas de todo o país. Os produtores geralmente reservam a distribuição desses filmes para cinemas com grande volume de negócios, na maioria das vezes pertencentes a um circuito poderoso. Posteriormente, os filmes são distribuídos nas salas de cinema com um menor volume de negócios, até seu potencial de receita estar esgotado.

- a duração do período de exibição e a exigência de que este período seja relativamente longo (quatro semanas ou mais) como condição para licenciamento de filmes populares. Isso reduz a capacidade dos cinemas que têm um número limitado de salas para atender a demanda dos consumidores e agrava os problemas enfrentados pelos produtores independentes.

De outro lado, é importante não deixar também de perceber as descontinuidades. Essas estão não somente — ou, pelo menos, não principalmente — no maior peso relativo que passou a ser atribuído, em geral, aos benefícios esperados associados a integrações e restrições verticais *vis-à-vis* os correspondentes custos esperados, mas, sobretudo, nas modificações pelas quais passou a indústria desde então: "*The decrees remain in effect, but in the intervening almost half century the markets have changed significantly*" [os decretos permanecem em vigor, mas, em quase meio século de intervenção, os mercados mudaram significativamente], diz a contribuição norte-americana ao relatório publicado pela OECD (p. 49). Não está claro até que ponto isso seria um fator a ser levado em conta para explicar a relativa inação observada mais recentemente nos Estados Unidos, no âmbito da aplicação da legislação antitruste a casos concretos envolvendo os mercados de distribuição e exibição, ou

---

▣ a fixação de um intervalo entre o final do período de lançamento de um filme e o momento em que pode ser reexibido nos cinemas. Se o período é longo, permite maior rendimento a ser obtido pelo lançamento. Se o período de intervalo é muito longo, o filme vai esgotar seu potencial de receita e, em consequência, os operadores que tiverem negociado a posterior distribuição do filme ficarão prejudicados. Além disso, o rendimento a ser ganho a partir da redistribuição será capturado pelo vídeo e televisão.

▣ ao zoneamento, que consiste em fixar limites geográficos dentro dos quais um determinado cinema terá direitos de exibição exclusivos. Esta prática garante que o cinema irá obter o maior público possível para o seu filme e impedirá outros cinemas nas proximidades de competir pelos espectadores que querem ver esse filme em particular. Em defesa dessa prática, no entanto, salienta-se que uma zona de exclusividade razoável é necessária para induzir o operador de cinema a promover adequadamente o filme.

▣ ao bloco de reserva, que é uma forma de venda casada. A autorização para exibir um filme ou um pacote de filmes é concedida com a condição de que o operador leve outros filmes da distribuidora. Isso proporciona saída para filmes de qualidade inferior ou com limitado potencial de receita. Quando um produtor está vinculado por contrato com as grandes estrelas, os operadores de cinema são aconselhados a aceitar seus filmes menos comerciais, se quiserem obter os mais comerciais. Esta prática, que proíbe fazer ofertas para comprar filmes de cinema a cinema, torna impossível para os pequenos concorrentes obter lançamentos e dá uma vantagem para aqueles que são filiados a uma rede maior.

▣ a oferta cega, que é a prática na qual uma distribuidora exige que a operadora requisite um filme sem tê-lo visto previamente.

▣ aos pagamentos antecipados, que são feitos pelo operador de cinema antes da distribuição do filme, como segurança ou para efeito de pagamento decorrente de um acordo de distribuição.

▣ a garantia, que é um montante mínimo que o operador de cinema garante à distribuidora, em troca de autorização para mostrar um determinado filme".

até que ponto essa inação poderia, ela mesma, ser caracterizada justamente como uma das consequências da eficácia dos *Paramount decrees* no sentido de impedir a consolidação de condições para — e reduzir incentivos favoráveis a — adoção de práticas anticompetitivas por parte das empresas. Seja como for, o que deveria ser sublinhado é o reconhecimento da necessidade de uma análise empírica das características estruturais dos mercados em questão e do comportamento dos agentes econômicos que desses participam como pano de fundo para a formulação de diretrizes de política antitruste e, a partir daí, para o julgamento dos casos concretos.

Nesse sentido, um trabalho digno de menção foi aquele realizado, entre 1997 e 1998, pelo *comissioner* da agência de defesa da concorrência australiana, a Australian Competition and Consumer Comission, Ross Jones, publicado em março de 1998, com o título *Developments in the cinema distribution and exhibition industry*. Trata-se de um estudo minucioso, encomendado tendo em vista a existência de inúmeras denúncias que haviam sido dirigidas à ACCC por parte de pequenos exibidores de cinema contra os grandes distribuidores. O trabalho contém uma análise da estrutura dos mercados de distribuição e exibição, os potenciais efeitos competitivos das práticas em questão, bem como recomendações para a solução dos problemas e conflitos identificados. Entre as práticas denunciadas pelos exibidores, desponta no relatório a da exigência de períodos mínimos de exibição, vale dizer, o fato de os distribuidores requererem dos exibidores que exibam um determinado filme por um número mínimo de sessões diárias e por um número mínimo de semanas, por exemplo: cinco sessões diárias durante a primeira semana, duas sessões diárias durante as duas semanas seguintes, e assim por diante. Os efeitos econômicos para os exibidores associados a esse tipo de prática variam em função do número de salas que possuam, sendo mais prejudiciais aos pequenos exibidores:

> *The effect of minimum exhibition periods differs between multiplex operators and those operating only a few screens. Multiplex operators with at least six screens generally have little difficulty in complying with minimum exhibition periods. A film may be successful for say three of its five week season. However,*

the multiplex exhibitor can take new titles in other screens to compensate for the last two weeks' poorer return. Exhibitors with only a few screens may not have this flexibility (Jones, 1998:20).[32]

Quanto aos seus potenciais efeitos anticompetitivos, afirma o relatório um pouco mais adiante (p. 22):

> [T]he argument that minimum requirements are necessary to justify the costs of prints and advertising to ensure adequate returns to distributors bears further scrutiny. Distributors decide the amount they will spend on promoting a film. It could be argued that it is reasonable to allow the market to then decide whether or not such decisions are appropriate. If a film is in high demand, distributors should have little concern that an exhibitor would not try to maximize box-office revenue by showing the film as often as demand requires. On the other hand, if a film performs poorly and a distributor requires sessions in excess of those justified by demand, it may be that the distributor is merely trying to use extended minimum periods to block the release of more competitive product to the detriment of other distributors, exhibitors and consumers.
>
> The minimum exhibition requirements may reduce competition between distributors. A major distributor would not release a title on the same day as its competitor released a major title because there may be insufficient screens. Independent, smaller distributors appear to be particularly disadvantaged because the major distributors tie up holiday periods with long minimum exhibition requirements, thereby blocking smaller firms. Consumer choice is again reduced. However, even in the absence of such exhibition requirements, distributors will still move their release dates according to the perceived box-office strength of a rival distributor's film.

---

[32] Tradução livre: "O efeito dos períodos de exposição mínima varia em relação aos operadores multiplex e aqueles que operam em apenas algumas salas. Em geral, operadores multiplex com pelo menos seis salas têm pouca dificuldade em cumprir os períodos de exibição mínima. Um filme pode ser bem-sucedido por três das suas cinco semanas de temporada, por exemplo. No entanto, o exibidor multiplex pode mostrar novos títulos em outras salas para compensar o menor lucro das duas últimas semanas. Expositores com menos salas podem não ter essa flexibilidade".

In summary, minimum exhibition requirements exceeding the period in which the exhibitor would otherwise have played the film might restrict consumer choice and harm smaller exhibitors. As the smaller exhibitors are forced to forego particular titles they claim their commercial viability is diminished to the advantage of their major exhibitor rivals.[33]

Segundo Jones, apesar da ausência de evidências suficientes de que as práticas dos distribuidores, incluindo as exigências de períodos mínimos, constituam violações à legislação de defesa da concorrência australiana, elas seriam em princípio danosas aos exibidores, especialmente aos pequenos e independentes, e indicariam, no mínimo, uma significativa e potencialmente problemática assimetria de poder de barganha entre os primeiros e os últimos. É interessante notar que a parte conclusiva do relatório não se limita à simples constatação de que as reclamações dos exibidores poderiam nada mais ser do que sintomas de conflitos de natureza privada decorrentes dessa assime-

---

[33] Tradução livre: "O argumento de que requisitos mínimos são necessários para justificar os custos de impressão e de publicidade e para assegurar retorno financeiro adequado aos distribuidores merece uma análise mais aprofundada. Os distribuidores decidem o montante que vão gastar na promoção de um filme. Pode-se argumentar que é razoável permitir que o mercado decida se tais decisões são adequadas ou não. Se o filme apresenta alta demanda, os distribuidores não precisam se preocupar com a possibilidade de um exibidor não tentar maximizar sua receita, deixando de exibir o filme com a frequência que a demanda exige. Por outro lado, se um filme vende mal e o distribuidor requer um número de sessões para além daqueles justificados pela demanda, pode ser que o distribuidor esteja meramente tentando fazer uso de períodos mínimos mais longos para bloquear o lançamento de produtos mais competitivos, em detrimento dos outros distribuidores, exibidores e consumidores.

Os requisitos mínimos de exibição podem reduzir a concorrência entre os distribuidores. Uma grande distribuidora não lançaria um título no mesmo dia em que sua concorrente lançou um título importante, pois pode haver um número insuficiente de salas de exibição. Pequenos distribuidores parecem ser particularmente desfavorecidos, porque os grandes distribuidores casam os períodos de férias com longos períodos de exibição mínima, bloqueando dessa forma as empresas menores. A escolha do consumidor é novamente reduzida. No entanto, mesmo na ausência de tais requisitos de exibição, os distribuidores ainda ajustarão suas datas de lançamento de acordo com o potencial de rendimento do filme de uma distribuidora rival.

Em resumo, requisitos mínimos de exibição por períodos superiores aos quais o exibidor teria originalmente mantido o filme em cartaz podem limitar a escolha dos consumidores e causar danos aos exibidores menores. Como os exibidores menores são forçados a renunciar alguns títulos, a sua viabilidade comercial diminui, levando à vantagem dos exibidores rivais maiores".

tria de poder — e, portanto, alheias à competência de uma autoridade de defesa da concorrência. Inspirado em uma decisão adotada anteriormente pelo governo inglês,[34] o relatório recomenda a elaboração conjunta (por distribuidores e exibidores) de um "mecanismo para resolução de disputas" (p. 54) que preveja procedimentos adequados de mediação, cuja elaboração deveria ser precedida pela elaboração de um "código de condutas" que trate de regular, de modo consensual e geral, os termos contratuais mais críticos e preocupantes do ponto de vista dos exibidores.[35]

---

[34] A decisão data de 1996 e baseia-se nas conclusões de um relatório realizado em 1994 pela Monopolies and Merger Comission do Reino Unido. A decisão torna ilegal, para os distribuidores, condicionar a oferta de um filme a um exibidor a que este se comprometa a exibi-lo por um período mais longo do que aquele determinado na decisão. Note-se que esta não foi a única decisão dessa natureza tomada pelo governo do Reino Unido com relação à oferta de filmes para exibição. Em 1989, também como consequência de um relatório do MMC, o governo decidiu proibir a inclusão, em contratos entre distribuidores e exibidores, de cláusulas de exclusividade com certos conteúdos. Em julho de 2004, o Office of Fair Trading (a agência inglesa de defesa da concorrência) elaborou um documento intitulado "Review of orders following 1983 and 1994 MMC Monopoly Reports on the Supply of Films for Exhibition in Cinemas", recomendando ao secretário de Estado para o Comércio e a Indústria que seja revogada a Ordem de 1989, porém mantida a Ordem de 1996.

[35] Essa recomendação, no entanto, é acompanhada de algumas ressalvas: "*The dispute settling mechanism would not prevent any party from approaching the ACCC and requesting investigation of potential breaches of the Trade Practices Act. If the industry proves unwilling to develop a code of behaviour and dispute settling mechanism voluntarily, it is recommended that the ACCC consider other options to improve industry practices. Approaches to consider would relate to mandatory codes and/or action against possible anti-competitive structural features of the distribution and exhibition industry. If the industry proves unable to develop a code it may be appropriate for the ACCC to request the Government to consider a mandatory code, enforceable under the Trade Practices Act. This may lack the flexibility of an industry developed code, but may be an alternative if there is lack of industry support for some voluntary mediation processes.*" (p. 55) (em negrito no original). Tradução livre: "O mecanismo de resolução de litígios não impediria qualquer das partes de procurar a ACCC e solicitar a investigação de possíveis violações ao Trade Practices Act. Se a indústria não se mostrar disposta a desenvolver um código de conduta e mecanismos de resolução de litígios de forma voluntária, é recomendável que a ACCC avalie outras opções para melhorar as práticas da indústria. Abordagens a considerar seriam códigos obrigatórios e/ou ações contra possíveis características estruturais anticoncorrenciais da distribuição e da indústria de exibição. Se a indústria se mostrar incapaz de desenvolver um código, pode ser adequado que a ACCC peça ao governo para considerar a elaboração de um código obrigatório, aplicável ao abrigo do Trade Practices Act. Pode ser que falte a ele a flexibilidade de um código que tenha sido desenvolvido pela indústria, mas pode ser uma alternativa se houver falta de apoio da indústria para os processos de mediação voluntários".

Antes de encerrarmos esta seção, caberia ressaltar que a atenção das autoridades antitruste estrangeiras não está restrita às práticas verticais (especialmente àquelas que envolvam a relação entre distribuidores e exibidores). No relatório preparado por Jones para a autoridade australiana, por exemplo, lê-se uma recomendação no sentido de que a ACCC se ocupe de investigar mais detidamente uma *joint venture* envolvendo grandes exibidores australianos, tendo em vista o elevado grau de concentração que caracteriza o mercado de exibição no país (p. 56). Isso poderia ser interpretado como uma espécie de alerta para que a autoridade seja cuidadosa na utilização que deve fazer de seus poderes de *controle estrutural horizontal* no tocante aos segmentos de distribuição e exibição de filmes.

Em regra, autoridades antitruste que operam em jurisdições que preveem tanto o controle *ex ante* de concentrações econômicas como a repressão *ex post* de condutas anticompetitivas, devem confrontar-se com a decisão de conferir maior ou menor peso à primeira espécie de controle *vis-à-vis* a segunda. Uma suposição plausível acerca dessa escolha (de política antitruste) é que, quanto mais confiante estiver a autoridade na sua capacidade de monitorar, detectar e reagir de modo eficaz a condutas anticompetitivas, menor, *ceteris paribus*, será sua preocupação com a intervenção preventiva, vale dizer, a ênfase alocada no controle estrutural. Uma vez que, por outro lado, essa capacidade é, sempre, imperfeita e insuficiente, certa dose de coragem institucional e, em especial, de rigor no uso do *merger control*, é indispensável para proteger e promover a concorrência em um dado mercado relevante.

Particularmente, evitar a elevação do grau de concentração em um mercado de distribuição ou exibição já concentrado, sobretudo se acompanhada de um aumento da participação de mercado de uma das líderes, pode ser necessário para a eficácia de uma política racional de defesa da concorrência que esteja direcionada à indústria do cinema.

Um exemplo recente é fornecido pelas autoridades antitruste norte-americanas — as quais, vale notar, são possivelmente as mais bem aparelhadas do mundo em termos de recursos humanos e materiais. Em 16 de abril de 1998, o governo federal americano e o dos estados de Nova York e de Illinois ingressaram em juízo contra as empresas Sony Corporation, Loews, Cineplex Odeon e Seagram alegando que a fusão envolvendo a segunda e a terceira violaria a legislação antitruste norte-americana (especificamente, a seção 7 do *Clayton Act*):

> *The merger would combine the two leading theatre circuits in both Manhattan and Chicago and give the newly merged firm a dominant position in both localities: in Manhattan, the newly merged firm would have a 67% market share (by revenue) and in Chicago, the newly merged firm would have a 77% market share (by revenue). As a result, the combination would substantially lessen competition and tend to create a monopoly in the markets for theatrical exhibition of first-run films in both Manhattan and Chicago.*[36]

No mesmo dia, o Departamento de Justiça publicou *press release* informando que havia decidido aprovar a operação após as empresas envolvidas terem concordado em alienar, a terceiros, 25 salas de exibição nas regiões metropolitanas de Manhattan e Chicago:[37]

> *The proposed settlement requires the defendants to divest 14 theaters in Manhattan and 11 in the Chicago area to a buyer or buyers, acceptable to the Department, that will continue to operate them as movie theaters. The divested properties include such prominent theaters as the Ziegfeld and the Chelsea in Manhattan, and 600 North Michigan and the Watertower in Chicago. In both Manhattan and Chicago, the divestitures represent slightly more than the leading firm would be acquiring in both the number of screens and revenue. After the divestitures take place, the merged company will be no larger in either city than the leading firm in that city was before the merger.*[38]

---

[36] Citado no "Competitive Impact Statement", que foi apresentado na mesma data (16 de abril de 1998) pela divisão antitruste do Departamento de Justiça dos Estados Unidos perante a District Court for the Southern District of New York. Tradução livre: "A operação de fusão combinaria os dois principais circuitos de cinema em Manhattan e Chicago e daria à nova empresa resultante uma posição dominante nos dois locais: em Manhattan, a empresa resultante da fusão teria aproximadamente 67% do mercado (em receita) e em Chicago teria por volta de 77% do mercado (em receita). Como resultado, a combinação diminuiria substancialmente a concorrência e tenderia a criar um monopólio nos mercados de exibição de filmes recentemente lançados em Manhattan e em Chicago".

[37] A notícia está acessível em: <www.usdoj.gov/atr/public/pressereleases/i998/i639.htm>. O acordo foi sacramentado pela Justiça.

[38] Tradução livre: "A solução proposta exige que os réus alienem 14 salas em Manhattan e 11 na área de Chicago a um comprador ou compradores, aceitos pelo Departamento, e que conti-

A indústria do cinema no Brasil

1. Panorama geral do mercado de cinema nacional

Em 2005, foram vendidos, no Brasil, cerca de 90 milhões de ingressos de cinema, magnitude que representa um crescimento de somente 5,5% em relação àquela observada em 1995 (85 milhões) e menos da metade da média da década de 1970 (de 209 milhões de ingressos/ano). Tal público está concentrado nas capitais, sendo que São Paulo e Rio de Janeiro respondem por cerca de 25% do número de ingressos vendidos no país (2005). A renda total de bilheteria em 2005 foi de cerca de R$ 644 milhões (Filme B).

O gráfico 4 apresenta a evolução do número de ingressos vendidos desde 1971. Em que pese o fato da taxa média de crescimento do número de ingressos vendidos na década atual ter sido de 2,2% a.a., a observação do gráfico 4 não deixa dúvidas sobre a existência de uma tendência estrutural de declínio da indústria em termos de público, fenômeno certamente relacionado, no Brasil, à difusão da TV na década de 1970 e dos aparelhos de VHS e DVD (criando o mercado de *home video*) nas décadas de 1990 e nos anos recentes.

Associada à evolução do número de ingressos vendidos, encontra-se a mudança do número de salas ao longo do tempo. Como ilustra o gráfico 5, a evolução do número de salas de exibição acompanha o movimento de venda de ingressos, tendo experimentado, historicamente, um forte declínio entre o fim da década de 1970 e a primeira metade dos anos 1990. Recentemente, a partir de 1996, observa-se uma retomada do crescimento do número de salas, ainda que, em 2005, tal número (2.045 salas) fosse semelhante àquele verificado no início dos anos 1980.

---

nuarão a operar os cinemas. As propriedades alienadas devem incluir teatros importantes como o Ziegfeld e o Chelsea, em Manhattan, e o 600 North Michigan e o Watertower, em Chicago. Em Manhattan e Chicago, as alienações devem representar pouco mais do que a empresa líder iria adquirir tanto em relação ao número de salas como em receita. Após a alienação ocorrer, a empresa resultante da fusão não pode ser maior do que a primeira empresa era antes da fusão em qualquer das cidades".

Gráfico 4 — **Evolução do público de cinema no Brasil (1971-2005)**

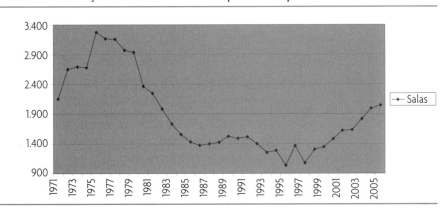

Fonte: Elaboração própria a partir da base de dados da Filme B (2005).

Gráfico 5 — **Evolução do número de salas (1971-2005)**

Fonte: Elaboração própria a partir da base de dados da Filme B (2005).

Note-se que essas salas estão localizadas em somente 8% dos municípios nacionais (454 municípios), sendo que apenas seis estados (SP, RJ, MG, DF, RS e PR) e dez municípios (São Paulo, Rio de Janeiro, Brasília, Belo Horizonte, Curitiba, Porto Alegre, Campinas, Salvador, Recife e Goiânia) congregam, respectivamente, 71% e 40% do número de salas no país.

O público médio por sala/ano vem declinando desde a década de 1970. De fato, em 2005, tal indicador foi de 43.893, contra 94.253 em 1971. O recente crescimento da oferta em termos de número de salas — não se dispõe de dados atuais sobre a capacidade ofertada em termos de assentos potenciais/ano[39] — não foi acompanhado pelo incremento proporcional ao número de ingressos vendidos. Com efeito, observa-se que o comportamento do público médio por sala no período pós-1997, quando ocorreu o recente movimento de crescimento do número de salas, foi irregular, variando de um máximo de 57.473, em 2004, a um mínimo de 43.863, em 2005. De acordo com Luca (2003:149), o grau de ociosidade na oferta de lugares estaria em torno de 80%.

Gráfico 6 — Público médio por sala (1971-2005)

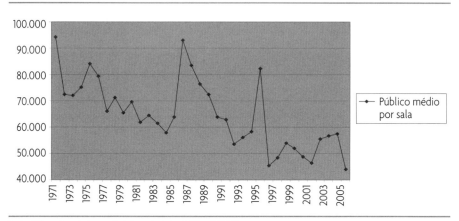

Fonte: Elaboração própria a partir da base de dados da Filme B (2005).

Existe, no entanto, uma forte dispersão em torno da média, como mostra o gráfico a seguir, relativo aos 60 maiores municípios em termos de público e renda em 2005. De fato, para esse subgrupo, a média e o desvio padrão do público por sala são de, respectivamente, 52.271 e 16.536 (32% da média). Note-se que tais municípios em termos de público e renda respondem, respectivamente, por cerca de 82% e 86% do público e da renda total em 2005.

---

[39] Estima-se que houvesse, em 1975, cerca de 1 bilhão de lugares ofertados por cerca de 3.500 salas, contra somente 400 milhões em 1990 (1.200 salas). A despeito dessa redução, nesse período, observa-se um incremento do número médio de assentos por sala/ano, passando de 285 mil em 1975 para 333 mil em 1990. Ver Luca (2003:146).

Gráfico 7 — **Público por sala dos 60 maiores municípios em termos de público e renda (2005)**

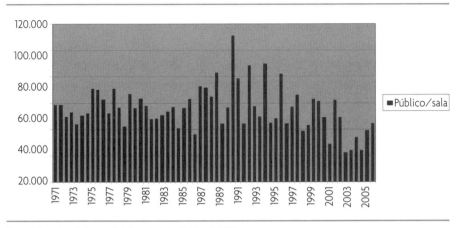

Fonte: Elaboração própria a partir da base de dados da Filme B (2005).

Os indicadores anteriores apresentam indícios de que o incremento da oferta em termos do número de sala a partir de 1997 possivelmente teve efeitos positivos sobre a demanda total por ingressos. Provavelmente, o aumento da concorrência, com a chegada dos exibidores estrangeiros, do conceito de cinema multiplex a partir de 1997 e da ampliação das regiões e municípios com salas de cinema implicou um estímulo para o incremento do público.[40] Entretanto, tal estímulo parece ter sido suplantado pela própria concorrência entre os exibidores, gerando uma situação de instabilidade no público médio por sala.[41]

O Preço Médio do Ingresso (PMI) no Brasil em US$ (com dólares constantes de 2005, pelo Índice de Preço ao Consumidor) também

---

[40] Segundo Luca (2003:147-149), o crescimento do número de ingressos vendidos concentrou-se basicamente nas novas salas multiplex. Além do mais, segundo o autor, o crescimento do número de ingressos vendidos deve-se menos à ampliação do público e mais ao incremento da frequência de ida ao cinema por parte dos 9 milhões de consumidores das classes A e B que formam o público nacional da indústria.

[41] Ainda que, na indústria do cinema, o público médio por sala/ano possa ser influenciado, obviamente, pelo sucesso dos filmes lançados num determinado ano. Dessa forma, o aumento do público não decorre necessariamente ou exclusivamente do incremento do número de salas.

apresenta um comportamento irregular, com fortes oscilações ao longo do período analisado. Entretanto, observa-se uma tendência à redução do PMI médio em dólares constantes: após uma forte elevação na década de 1980, quando a média (ponderada) foi de US$ 5,2, o PMI médio (ponderado) da década de 1990 e entre 2000 e 2005 declinou, respectivamente, para US$ 4,3 e US$ 2,7. Finalmente, note-se que, apesar dessa tendência, o PMI atual é bem superior ao observado na média (ponderada) da década de 1970, de cerca de US$ 1,65 (em dólares constantes de 2005).

Gráfico 8 — **Evolução do PMI em US$ constantes de 2005**

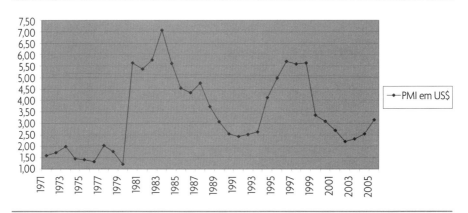

Fonte: Elaboração própria a partir da base de dados da Filme B (2005).

No entanto, o leitor deve notar que o preço do ingresso apresenta grande dispersão em torno de sua média, variando bastante dentro de um mesmo município, dentro de um mesmo estado, entre os diferentes estados e entre os grupos exibidores (ver próximo item), como mostra a tabela 1, com o PMI dos 60 maiores municípios em termos de público e renda em 2005. Por exemplo, o PMI médio em 2005 no Brasil foi de R$ 4,43 (embora a média ponderada pela renda tenha sido bem mais alta, de R$ 7,41), com desvio padrão elevado, de R$ 1,33 (30% da média).

Tabela 1 — PMI dos 60 maiores municípios em 2005

Município	UF	PMI
Barueri	SP	9,12
Rio de Janeiro	RJ	8,89
São Paulo	SP	8,62
Brasília	DF	8,60
São João de Meriti	RJ	8,51
Guarulhos	SP	8,26
Santo André	SP	7,80
São José dos Campos	SP	7,74
Niterói	RJ	7,70
Nova Iguaçu	RJ	7,64
Campinas	SP	7,59
Manaus	AM	7,58
São Bernardo do Campo	SP	7,58
Salvador	BA	7,46
Vila Velha	ES	7,31
Jaboatão	PE	7,19
Taguatinga	DF	7,16
Canoas	RS	7,13
Curitiba	PR	7,02
Porto Alegre	RS	6,91
Cuiabá	MT	6,89
Goiânia	GO	6,85
Fortaleza	CE	6,84
Belo Horizonte	MG	6,82
Novo Hamburgo	RS	6,82
Santos	SP	6,77
Florianópolis	SC	6,75
São Gonçalo	RJ	6,72
Campo Grande	MS	6,71
Natal	RN	6,68

Município	UF	PMI
Osasco	SP	6,62
Vitória	ES	6,62
São Luís	MA	6,57
Belém	PA	6,55
Ribeirão Preto	SP	6,54
Taboão da Serra	SP	6,46
Jundiaí	SP	6,45
Maceió	AL	6,45
Caxias do Sul	RS	6,44
Recife	PE	6,38
Blumenau	SC	6,35
Uberlândia	MG	6,24
Mauá	SP	6,16
Londrina	PR	6,09
Piracicaba	SP	6,04
Aracaju	SE	5,77
Ponta Grossa	PR	5,72
Joinville	SC	5,69
Praia Grande	SP	5,63
São José do Rio Preto	SP	5,60
Aparecida de Goiânia	GO	5,55
Maringá	PR	5,40
Araraquara	SP	5,37
Sorocaba	SP	5,29
Bauru	SP	5,27
Uberaba	MG	5,21
Feira de Santana	BA	5,12
Contagem	MG	5,09
João Pessoa	PB	5,09
Juiz de Fora	MG	5,09

Fonte: Filme B.

Defesa da concorrência e a indústria de cinema no Brasil

Finalmente, os gráficos 9 e 10 apresentam a evolução da renda de bilheteria e da renda média por sala em US$ constantes de 2005, desde 1971. Note-se que, à semelhança de outros indicadores, a renda real em US$ apresenta uma tendência de declínio nas últimas décadas. Após o auge da década de 1980, a renda real jamais logrou se recuperar, situando-se, na média dos últimos 15 anos, em torno de US$ 285 milhões/ano. A renda real média entre 2000 e 2005, de US$ 240 milhões, é somente 70% daquela associada à década de 1970, de US$ 343 milhões.

Gráfico 9 — **Evolução da renda com bilheteria em US$ constantes de 2005**

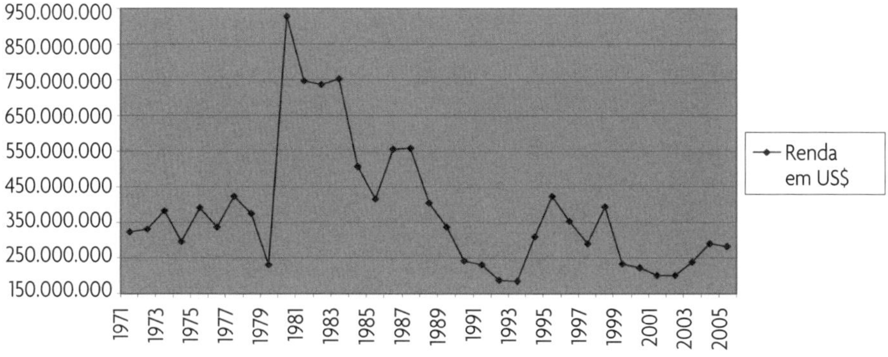

Fonte: Elaboração própria a partir da base de dados da Filme B (2005).

A renda média real por sala/ano apresenta um comportamento semelhante, com exceção da forte recuperação na metade da década de 1990. Cumpre observar que o crescimento do número de salas, do público total e do PMI real nos anos recentes não resultou em uma tendência ao aumento da renda média real por sala/ano. Em outras palavras, o fator que parece estar prevalecendo entre todas as variáveis é o declínio do público médio por sala/ano.

Já a renda média por sala e o desvio padrão para subgrupo formado pelos 60 maiores municípios em termos de renda, em 2005, são de R$ 373.064 por ano (acima da renda média por sala para o país em 2005, de cerca de R$ 315.239 por ano) e R$ 128.700 por ano (34% da média), respectivamente (ver gráfico 11 e anexo).

Gráfico 10 — **Evolução da renda por sala em US$ constantes de 2005**

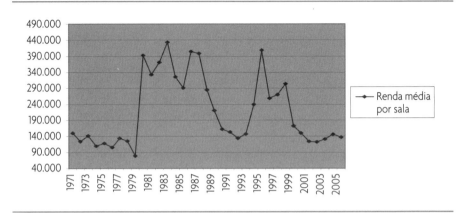

Fonte: Elaboração própria a partir da base de dados da Filme B (2005).

Gráfico 11 — **Renda por sala dos 60 maiores municípios em termos de público e renda (2005)**

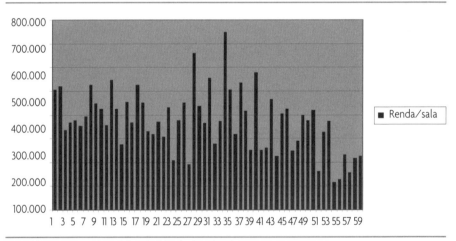

Fonte: Elaboração própria a partir da base de dados da Filme B (2005).

Entretanto, tal quadro deve ser visto com cautela. De fato, existem no país cerca de 936 salas multiplex, dentro de 130 complexos, todos pertencentes aos maiores grupos exibidores. Os 50 maiores complexos contêm 471 salas (ou cerca de 23% da totalidade das salas nacionais),[42] com público total (em 2005) de 39,5 milhões (43% do público total no Brasil) e renda de R$ 332,8 milhões (cerca de 50% da renda total nacional em 2005). Para esse subgrupo, a renda e o público médio anual por sala foram, em 2005, respectivamente, de R$ 706,7 mil e 83,3 mil, magnitudes aproximadamente 100% superiores à média nacional (R$ 315,2 mil e 43,8 mil). Fica clara a existência de uma enorme concentração de renda e público em somente 23% das salas brasileiras, todas multiplex.

2. Produção

Existem inúmeros produtores nacionais no Brasil, havendo grande pulverização da oferta de filmes nacionais em termos de produtores. Como se sabe, a produção de filmes no Brasil é basicamente financiada com recursos públicos, que têm origem nas renúncias fiscais regulamentadas pela Lei Rouanet (Lei de Incentivo a Cultura) e pela Lei do Audiovisual.

A Lei nº 8.685 de julho de 1993 (Lei do Audiovisual) estabeleceu incentivos fiscais para o setor audiovisual. Seu artigo 1º estabelece que poderão ser deduzidos do IR os investimentos realizados na produção de obras audiovisuais cinematográficas brasileiras de produção independente, aprovadas pela Ancine. Já seu art. 30 determina o abatimento de 70% do imposto incidente na remessa de lucros ou dividendos decorrentes da exploração de obras audiovisuais estrangeiras em território nacional, desde que tais recursos sejam investidos: (i) no desenvolvimento de projetos de produção de obras cinematográficas brasileiras de longa-metragem de produção independente; (ii) na coprodução de obras cinematográficas brasileiras de produção independente; e (iii) na coprodução de telefilmes e minisséries brasileiras de produção independente. Finalmente, a Lei nº 8.313/91 (Lei Rouanet) estabelece, em seu art. 18, que pessoas físicas ou jurídicas podem aplicar parcelas do

---

[42] Essas salas estão distribuídas da seguinte forma: Cinemark (250), UCI (58), SR (36), Box (22), Araújo (20), Espaço (17) e Hoyts (15). As demais salas são das JVs UCI/SR (30), SR/Paris (11) e UCI/Orient (12).

IR tanto sob a forma de doações ou patrocínios no apoio direto a projetos culturais, como através do Fundo Nacional de Cultura.

A tabela 2 mostra a evolução recente das fontes de financiamento do cinema nacional entre 2000 e 2005, evidenciando a importância das fontes de recursos ligadas aos incentivos fiscais.

Tabela 2 — Fontes de recursos públicos

Investimentos	2001	2002	2003	2004	2005
Incentivo fiscal	100.694.241	65.882.000	113.092.000	128.508.140	106.318.600
Lei do Audiovisual (art. 1º)	41.487.618	34.274.000	50.751.000	56.232.090	34.931.100*
Lei do Audiovisual (art. 3º)	15.225.127	11.578.000	42.217.000	37.915.050	35.866.400
Lei Rouanet	43.981.496	20.030.000	20.124.000	34.361.000	35.521.100*
Conversão dívida	540.217	3.192.000	2.180.000	—	—
Orçamento da União	15.537.710	—	—	—	—
Art. 39 (Condecine 3%)	—	—	2.894.000	16.669.000	14.921.600
Funcines	—	—	—	—	1.032.000
Total	**116.772.168**	**69.074.000**	**118.166.000**	**145.177.140**	**122.272.200**

* Dados preliminares em 1/3/2005. Projeção artigo 1º entre 45 e 50 milhões. Projeção Lei Rouanet: entre 37 e 40 milhões.

Fonte: Filme B.

A tabela 3 mostra a evolução da oferta de filmes desde 2000. Note-se um incremento de cerca de 40% na oferta de filmes entre 2000 e 2005, embora boa parte desse crescimento se deva ao aumento da oferta de títulos estrangeiros. De fato, a oferta de títulos nacionais aumentou 15% nos últimos cinco anos. O aumento da oferta total de filmes certamente guarda relação com o incremento do número de salas no período, isto é, com o incremento da capacidade instalada entre 2000 e 2005. Apesar desse incremento, o público médio por título vem apresentando uma tendência ao declínio. Em termos percentuais, a participação dos filmes brasileiros na oferta total oscilou entre um máximo de 30% e um mínimo de 13,3%, não havendo uma tendência claramente definida.

Tabela 3 — **Evolução da oferta de filmes no Brasil**

Ano	2000	2001	2002	2003	2004	2005
Filmes estrangeiros	127	124	167	195	251	176
Filmes nacionais	44	30	30	30	51	51
Total	161	154	197	225	302	227
% filme nacional	29,14%	19,48%	15,23%	13,33%	16,89%	22,47%
Público/Título (em mil)	476,8	487	461,3	457,6	379,9	395,5

Fonte: Elaboração própria a partir da Filme B.

3. Distribuição

A tabela 4 mostra as principais distribuidoras atuantes no Brasil em 2005, bem como os respectivos públicos e a quantidade de títulos lançados.

Tabela 4 — **Distribuidoras, público e títulos (2005)**

Distribuidora	Público	%	Títulos	%	P/T
Sony/Columbia/Buena Vista	24.939.780	26,25%	42	14,68%	593.804
Warner	18.675.971	19,66%	21	7,29%	889.332
UIP	17.851.473	18,79%	24	8,33%	743.811
Fox	16.724.133	17,6%	17	5,9%	983.773
PlayArte	5.169.472	5,44%	12	4,17%	430.789
Europa/MAM	5.116.668	5,39%	21	7,29%	243.651
Pandora	1.344.506	1,42%	17	5,9%	79.089
Lumière	953.795	1%	6	2,08%	158.966
Riofilme	119.273	0,13%	7	2,43%	17.039
Outros	4.104.929	4,32%	121	42,01%	24.580
Total	95.000.000	100%	288	100%	329.861

Fonte: Elaboração própria a partir da Filme B.

Observa-se uma diferença expressiva entre o desempenho das distribuidoras: enquanto as quatro maiores lograram obter uma média de público por título lançado acima de 500 mil espectadores, as "outras" distribuidoras, responsáveis pelo lançamento de 42% dos títulos em 2005, somente conseguiram uma média de 24,5 mil espectadores por título. Dessa forma, o CR4 em termos de título é baixo (37%), embora o mesmo indicador tendo como base o público seja de 82%.

O leitor deve ter cuidado, no entanto, na interpretação dos *market shares* na indústria do cinema, em particular no segmento de distribuição. Isso porque os consumidores não apresentam preferências em relação às marcas das distribuidoras, de modo que a participação de mercado dessas empresas num determinado ano pode simplesmente refletir o sucesso de um filme específico, mas não necessariamente o seu poder de mercado. No caso brasileiro, existe uma estabilidade na participação *conjunta* de mercado das maiores distribuidoras — Warner, Columbia/Sony/Buena Vista,[43] Fox, UIP (que reúne atualmente as marcas Paramount, Dreamworks e Universal) —, embora haja algumas mudanças nos *market shares* anuais individuais, como reflexo do sucesso ou fracasso dos filmes lançados por cada distribuidora num ano específico, bem como eventuais mudanças em relação às marcas que representam. A tabela 5 mostra a evolução das participações de mercado em termos de público desde 1999.

Tabela 5 — *Market share* das distribuidoras em termos de público (1999-2004)

Distribuidora	1999	2000	2001	2002	2003	2004
EBA/Lumière	7,7	8,31	7,8	6	5,6	5,3
Europa/MAM	1,7	—	8,1	5,5	3	3,2
Fox*	—	—	11,3	13,2	15,5	18,8
Pandora	—	—	—	—	—	—
PlayArte	—	—	4,4	4,3	3,1	2,1

continua

[43] No Brasil, os filmes da Disney são distribuídos pela Columbia TriStar Buena Vista Filmes do Brasil Ltda.

Defesa da concorrência e a indústria de cinema no Brasil

Distribuidora	1999	2000	2001	2002	2003	2004
Riofilme	1	0,36	0,3	0,2	0,3	0,4
Sony/Columbia/Buena Vista	36,67	40,03	24,3	34,4	39,1	32,7
UIP	20,3	25,63	23,2	11,0	13,3	15,3
Warner	29,3	22,62	20,5	25,1	19,8	22,2
Outros	0,3	0,02	0,1	0,3	0,3	—
Subtotal	86,27	88,28	79,3	83,7	87,7	89,0
Total	100	100	100	100	100	100

* Até 2000 com a Warner.

Fonte: Elaboração própria a partir da Filme B.

Finalmente, deve-se notar a ausência de vínculos societários, no Brasil, entre as principais distribuidoras (*majors*) e os grupos exibidores. A exceção ocorre em relação a alguns grupos nacionais, voltados para a distribuição/exibição, sobretudo, mas não exclusivamente, de filmes de arte, como o grupo Estação e Espaço de Cinema (com a distribuidora Mais Filmes), Playarte, Art Filmes e grupo Paris. Tais grupos também atuam na distribuição de *home video*.

4. Exibição

A tabela 6 apresenta o número de salas e o *market share* em termos dessa variável, em 2001 e 2005, para os principais grupos exibidores em termos de público e renda em 2005, bem como as suas *joint ventures* (JVs).

Tabela 6 — Maiores exibidores e participação de mercado em termos de salas (2000 e 2005)

Exibidor	2001	2005	% 2005
Cinemark	264	306	15%
Grupo SR*	164	195	9,5%
Arcoíris Cinemas	65	95	4,6%
Moviecom Cinemas	38	85	4,2%

continua

Exibidor	2001	2005	% 2005
Cinematográfica Araújo	55	71	3,5%
UCI	69	69	3,4%
Empresa Cinemais	36	58	2,8%
Espaço de cinema	41	55	2,7%
Box Cinemas	—	48	2,3%
Cinesystem	ND	36	1,8%
Afa Cinemas	ND	33	1,6%
Cineart	17	33	1,6%
Cinemas Sercla	22	33	1,6%
Grupo Playarte	24	33	1,6%
GNC Cinemas	28	31	1,5%
JV UCI/Ribeiro	18	30	1,5%
Cinematográfica Haway	35	25	1,2%
CinemaStar	ND	23	1,1%
Art Films	28	22	1,1%
Grupo Estação	28	22	1,1%
Orient Filmes	14	19	0,9%
Cine Academia	7	18	0,9%
Grupo Paris Filmes	26	18	0,9%
Grupo Cine	ND	17	0,8%
Sul Projeção	15	16	0,8%
Grupo Alvorada	17	16	0,8%
Hoyts General Cinema	15	15	0,7%
Manchester	ND	13	0,6%
JV UCI/Orient	12	12	0,6%
RBM	—	12	0,59%
JV Paris/SR	11	11	0,5%
Gonzaga Cinemas (Roxy)	3	5	0,24%
JV Orient/Paris	2	2	0,1%
Total	1.054	1.477	72,1%

* Cinemas São Luiz, São Luiz de Cinemas, SR Brasil Cinemas, SR Espírito Santo, SR São Paulo Cinemas.
Fonte: Elaboração própria a partir da Filme B e Ancine.

Observa-se que o grau de concentração do mercado do ponto de vista nacional é baixo, com um CR4 de 33%, sem levar em consideração as JVs. Mesmo com a incorporação dessas associações ao cenário de concentração, seja qual for o critério utilizado, o quadro não se altera. Esse cenário não mudou no período recente: em 2001, o CR4 era de 34%. Note-se também que tais exibidores respondem praticamente pela totalidade do público e da renda no Brasil, controlando cerca de 72% das salas no país, como mostra a tabela 7. Em termos de público e renda, o mercado de exibição no nível nacional é bem mais concentrado do que em termos de número de salas: mesmo sem considerar as JVs e os grupos, o CR4 por empresa é de, respectivamente, 57,9% e 60,8%.[44] O PMI médio desses exibidores, de R$ 6,68, também é maior do que a média nacional (de R$ 4,43), embora o desvio padrão seja significativo: R$ 1,36 (20% da média).

Tabela 7 — **Maiores exibidores: público, renda e PMI**

Exibidor	Público	%	Renda	%	PMI
SR São Paulo Cinemas	638.226	0,7%	7.063.852	1,09%	11,07
Espaço de Cinema	3.021.899	3,4%	26.536.825	4,08%	8,78
UCI*	8.842.241	9,9%	74.660.791	11,47%	8,44
Cinemark	24.765.687	27,6%	208.422.011	32,03%	8,42
Hoyts General Cinema	1.052.682	1,2%	8.746.214	1,34%	8,31
Paris Severiano Ribeiro	823.809	0,9%	6.705.805	1,03%	8,14
Grupo Estação	1.296.478	1,4%	10.500.936	1,61%	8,1
Grupo Playarte	2.063.362	2,3%	16.041.401	2,46%	7,77
Cinemas São Luiz	1.603.294	11,8%	80.585.034	12,38%	7,6
Art Films	1.127.973	1,3%	8.278.987	1,27%	7,34
Grupo Paris Filmes*	1.293.710	1,4%	9.443.319	1,45%	7,3
GNC Cinemas	2.165.340	2,4%	15.363.724	2,36%	7,1

continua

---

[44] Não há dados disponíveis de público e renda por sala, de modo que não é possível calcular o grau de concentração por grupo em termos de renda e público, levando-se em conta as JVs.

Exibidor	Público	%	Renda	%	PMI
Box Cinemas	2.843.134	3,2%	18.780.699	2,89%	6,61
Orient Filmes*	2.608.849	2,9%	16.927.686	2,6%	6,49
Cinematográfica Haway	1.355.414	1,5%	8.666.961	1,33%	6,39
SR Brasil Cinemas	439.424	0,5%	2.794.421	0,43%	6,36
Moviecom Cinemas	4.164.165	4,6%	25.354.298	3,9%	6,09
Cineart	1.812.886	2%	11.024.830	1,69%	6,08
Gonzaga Cinemas	551.570	0,6%	3.365.059	0,52%	6,1
CineSystem	1.179.313	1,3%	7.090.936	1,09%	6,01
CinemaStar	752.889	0,8%	4.517.781	0,69%	6
Cinematográfica Araújo	5.362.376	6%	32.038.437	4,92%	5,97
Empresa Cinemais	1.499.417	1,7%	8.951.102	1,38%	5,97
Arco-íris Cinemas	2.379.285	2,7%	13.770.366	2,12%	5,79
RBM Cinemas	487.310	0,5%	2.815.827	0,43%	5,78
Emp. São Luiz de Cinemas	1.136.420	1,3%	6.110.567	0,94%	5,38
Sul Projeção	427.439	0,5%	2.230.407	0,34%	5,22
Afa Cinemas	831.821	0,9%	4.335.369	0,67%	5,21
Cinemas Sercla	1.205.746	1,3%	5.565.376	0,86%	4,62
SR Espírito Santo	544.235	0,6%	4.092.075	0,63%	7,52
Total	87.276.394	97,2%	650.781.096	100%	6,86

* Incluídas as respectivas *joint ventures*.
Obs.: a renda total desses exibidores é de R$ 650 milhões, maior do que a renda total do país, de R$ 644 milhões. Talvez tenha ocorrido alguma dupla contagem por parte da Filme B, em função das JVs.
Fonte: Filme B.

A distribuição do público e das salas em termos de mercado exibidor também é bastante desigual no Brasil, como mostra a tabela 8. De fato, o estado de São Paulo concentra 35,55% das salas e 37,58% do público de cinema no Brasil. Os cinco maiores estados (SP, RJ, MG, RS e PR) respondem por 71% das salas e 70,8% dos espectadores nacionais.

Tabela 8 — Distribuição de salas e espectadores por estado (2005)

Estado	Salas	%	Espectadores	*market share*
São Paulo	727	35,55%	32.595.186	37,58%
Rio de Janeiro	248	12,13%	12.684.276	14,62%
Minas Gerais	200	9,78%	6.433.866	7,42%
Rio Grande do Sul	146	7,14%	5.078.454	5,85%
Paraná	134	6,55%	4.780.569	5,51%
Distrito Federal	87	4,25%	3.656.471	4,22%
Bahia	62	3,03%	3.076.339	3,55%
Pernambuco	53	2,59%	2.847.307	3,28%
Goiás	55	2,69%	2.060.740	2,38%
Santa Catarina	57	2,79%	1.998.650	2,3%
Ceará	36	1,76%	1.932.295	2,23%
Espírito Santo	42	2,05%	1.471.734	1,7%
Amazonas	22	1,08%	1.235.625	1,42%
Mato Grosso	29	1,42%	1.062.960	1,23%
Pará	24	1,17%	980.208	1,13%
Paraíba	26	1,27%	873.551	1,01%
Mato Grosso do Sul	18	0,88%	821.910	0,95%
Maranhão	16	0,78%	783.905	0,9%
Sergipe	14	0,68%	743.212	0,86%
Rio Grande do Norte	9	0,44%	590.419	0,68%
Alagoas	6	0,29%	395.709	0,46%
Piauí	8	0,39%	197.339	0,23%
Rondônia	8	0,39%	163.343	0,19%
Amapá	7	0,34%	123.689	0,14%
Tocantins	6	0,29%	77.769	0,09%
Roraima	3	0,15%	39.287	0,05%
Acre	2	0,10%	36.395	0,04%
Total	2.045	100,00%	86.741.208*	100,00%

* Diferença de 5 milhões em relação aos números obtidos pelo *box-office* do SSDRJ.

Fonte: Filme B.

Em termos de municípios, como já mencionado, existe uma forte concentração da renda e do público, como mostra a tabela 9: os 20 maiores municípios em termos de renda e público respondem por cerca de 64% e 70% do público e da renda total. Já os 10 primeiros foram responsáveis por 51% e 58%, respectivamente.

Tabela 9 — **Maiores 20 municípios em termos de público e renda (2005)**

Município	UF	Público	%	Renda	%
São Paulo	SP	14.607.034	16,84%	125.848.872,00	20,30%
Rio de Janeiro	RJ	9.128.442	10,52%	81.164.903,70	13,09%
Belo Horizonte	MG	3.249.956	3,75%	22.173.168,25	3,58%
Porto Alegre	RS	2.971.454	3,43%	20.534.760,36	3,31%
Brasília	DF	2.931.743	3,38%	25.200.006,40	4,06%
Curitiba	PR	2.866.615	3,30%	20.117.013,25	3,24%
Campinas	SP	2.640.909	3,04%	20.047.512,00	3,23%
Salvador	BA	2.535.953	2,92%	18.928.724,00	3,05%
Recife	PE	2.168.087	2,50%	13.833.612,00	2,23%
Fortaleza	CE	1.742.650	2,01%	11.922.942,35	1,92%
Goiânia	GO	1.555.497	1,79%	10.647.490,55	1,72%
Niterói	RJ	1.272.803	1,47%	9.803.532,57	1,58%
Manaus	AM	1.235.625	1,42%	9.371.745,40	1,51%
Ribeirão Preto	SP	1.138.256	131%	7.445.561,60	1,20%
Santos	SP	1.137.150	1,31%	7.696.192,50	1,24%
Belém	PA	952.085	1,10%	6.231.833,20	1,01%
Guarulhos	SP	951.597	1,10%	7.864.707,00	1,27%
Santo André	SP	866.426	1,00%	6.761.479,50	1,09%
Cuiabá	MT	858.895	0,99%	5.914.891,95	0,95%
São Luís	MA	771.689	0,89%	5.068.292,50	0,82%

Fonte: Elaboração própria a partir da Filme B.

Análise antitruste da indústria de cinema no Brasil

1. Mercados relevantes

Como de praxe em análises de defesa da concorrência, é necessário delimitar corretamente os mercados relevantes. Como se sabe, a delimitação desse mercado para a análise antitruste segue universalmente os princípios estabelecidos pelos *Horizontal Merger Guidelines* (1992) do Department of Justice (DOJ) e da Federal Trade Commission (FTC)[45] dos Estados Unidos, no Brasil adotados pelo Guia Conjunto para Análise Econômica de Atos de Concentração da Seae e da SDE[46] (Portaria Conjunta nº 50/2001), consubstanciados no chamado "teste do monopolista hipotético".[47] Este consiste em identificar a combinação de menor grupo de produtos e menor área geográfica necessários para que um suposto monopolista esteja em condições de impor um "pequeno porém significativo e não transitório" aumento no preço.

O critério estrutural econômico para tanto é o grau de substituição entre produtos e entre pontos de venda, isto é, o grau em que o produto considerado pode ser substituído pelos consumidores frente a um aumento hipotético de preço (substituição na demanda) ou em que sua oferta pode ser ampliada pelo redirecionamento de capacidade produtiva existente para fabricar o produto em questão (substituição na oferta). Caso determinada combinação de produtos e espaço geográfico não passe nesse teste — por exemplo, porque os produtos podem ser substituídos com tal facilidade que o monopolista hipotético não conseguiria efetuar um aumento "pequeno mas significativo e não transitório" nos preços —, será preciso redefinir (no caso, ampliar) o escopo deles, até que o teste seja satisfeito.

---

[45] *Horizontal Merger Guidelines*, DOJ/FTC, 1992, revisto em 1997, p. 5. Documento disponível em: <www.usdoj.gov> e <www.ftc.gov>.

[46] Respectivamente: Secretaria Especial de Acompanhamento Econômico do Ministério da Fazenda (www.fazenda.gov.br/seae) e Secretaria de Direito Econômico do Ministério da Justiça (www.mj.gov.br/sde).

[47] *Horizontal Merger Guidelines*, DOJ/FTC, 1992, p. 7-8.

Em síntese, o mercado relevante é definido como aquele espaço de *produtos* e *geográfico* no qual o exercício de poder de mercado por parte de uma empresa seja *possível*, segundo parâmetros normativos do que se entende por um aumento pequeno mas significativo e persistente do preço,[48] por meio de ações coordenadas ou unilaterais.

Por sua vez, a substituição dos produtos — variável econômica fundamental para a definição das fronteiras de um mercado relevante, seja pelos consumidores (que podem substituir o produto ou o local de compra), seja pelos produtores (que podem passar a produzi-lo com a capacidade produtiva existente, a curto prazo e sem grande aumento de custos) — é medida pela elasticidade-preço, respectivamente da demanda e da oferta. O escopo do mercado relevante será então definido para cada situação objeto de análise antitruste, em termos de produtos e áreas geográficas, como o menor entre aqueles mercados cujas demanda e oferta apresentem o grau de substituição necessário e suficiente para que o poder de mercado *possa* vir a ser exercido em nível considerado abusivo — ou seja, expressivo de poder de mercado — pelos critérios normativos vigentes.

No caso da indústria cinematográfica, existem pelo menos três mercados de valor distintos na dimensão produto: (i) produção; (ii) distribuição e (iii) exibição.

Produção de filmes para cinemas

Trata-se da oferta de filmes para exibição primária em cinemas e, posteriormente, em outras janelas, tais como *home vídeo*, TV por assinatura e TV aberta. A produção de filmes envolve o desenvolvimento, financiamento e realização de filmes, para posterior venda dos direitos de exibição para uma distribuidora.

Os filmes são tipicamente produtos heterogêneos, cada um com um conjunto particular de diferentes atributos em termos de talentos, ideias, fotografia, música, atuações etc. Dificilmente o sucesso ou o

---

[48] O guia Seae/SDE assume como referência aumentos de 5%, 10% ou 15%, por período não inferior a um ano (veja-se Portaria Conjunta nº 50/2001, nota 7, item 34).

fracasso de um filme pode ser antecipado, embora a capacidade de um produtor em atrair os melhores atores e diretores possa ser fundamental para minimizar a probabilidade de fracasso. Além do mais, os filmes têm um ciclo de vida muito curto, sujeito ainda a rápidas mudanças nas preferências dos consumidores quanto a, por exemplo, atores preferidos.

Uma questão importante se encontra na possível existência de diversos mercados relevantes na produção de filmes, cada um associado a determinado tipo de conteúdo ou tipo de filme: comédia, drama, aventura, ficção científica etc. Do ponto de vista da demanda, se as preferências dos consumidores diferenciarem fortemente os filmes em termos de seu gênero, um hipotético monopolista produtor de filmes de comédia, por exemplo, seria capaz de impor um aumento lucrativo de 5% no preço dos filmes, na medida em que os consumidores, na média, não os substituiriam, por exemplo, por filmes de guerra. Por outro lado, sob a perspectiva da oferta, é razoável supor que haja uma elevada flexibilidade na produção de filmes: a capacidade dos produtores em ofertarem qualquer tipo de filme é elevada, fator que impediria a definição de diversos mercados relevantes para a produção de filmes.

Também é discutível a existência de um mercado importante de filmes de arte separado do mercado relevante de grandes produções destinadas ao mercado mundial, em geral realizadas pelos estúdios de Hollywood, tais como Universal, Twentieth Century Fox, Paramount, Metro Goldwyn Mayer, Warner Bros., Walt Disney e Columbia/TriStar.[49]

Evidentemente, a existência de um ou vários mercados de grande interesse associados à produção de filmes para cinema é uma questão empírica, que exige estudos mais aprofundados sobre as preferências dos consumidores e, sobretudo, sobre a existência de barreiras à mobilidade por parte dos produtores em relação à produção de diferentes gêneros de filmes.

Já o mercado relevante geográfico de produção de filmes para cinema possivelmente é internacional. A produção de filmes envolve, como

---

[49] Ver caso Seagem/Polygram. Disponível em: <http://europa.eu.int/comm/competition/mergers/cases/decisions/m1219een.pdf>.

já mencionado, a utilização de diversos recursos de diferentes áreas: roteiro, direção, atores, equipe técnica, fotógrafo etc. Tais recursos são crescentemente internacionalizados: filmes americanos são rodados no Canadá, com atores ingleses, roteiro espanhol, diretor brasileiro e equipe canadense. Sua pós-produção pode ser feita na França. Por outro lado, pelo menos no Brasil, não parece existir qualquer preferência específica por parte do público pelo filme produzido no país. Assim, um hipotético monopolista produtor de filmes para cinema no Brasil não conseguiria impor um aumento lucrativo de 5% ou 10% no preço aos distribuidores ou exibidores, que passariam a comprar direitos de filmes realizados no exterior.

Distribuição para exibição em cinemas

Trata-se da atividade de comercializar os direitos de exibição de um determinado filme para exibidores de filmes (cinemas), notando-se que os distribuidores detêm direitos exclusivos sobre determinada região e janelas de exibição (cinema, *home video*, *pay per view*, TV paga, TV aberta etc.). Note-se que a atividade de distribuição, uma vez adquiridos os direitos de distribuição de um produtor independente ou grande estúdio, envolve uma série de ações, tais como a determinação da estratégia (número de cópias, por exemplo) e a data de lançamento (feriados, férias etc.) do filme; negociação com exibidores, inclusive sobre o preço do aluguel dos filmes; e elaboração de campanhas de marketing para atrair o público-alvo.

As atividades de distribuição de filmes para exibição em cinemas aparentemente não são limitadas pela capacidade dos consumidores em migrarem para outras janelas de exibição, isto é, as políticas de comercialização dos distribuidores perante os exibidores não são restringidas pela existência de outras janelas. Dadas as atuais políticas de comercialização e as preferências dos consumidores, os filmes lançados para exibição em cinema (*first run films*) não sofrem a concorrência do *home video* ou da TV paga.

De modo semelhante ao observado para o mercado de produção de filmes, o mercado de distribuição poderia ser segmentado em dois mercados relevantes distintos: distribuição de filmes de arte e distribuição de filmes de grandes estúdios, em geral, por distribuidores verticalmente integrados. Tal segmentação dependeria da comprovação, empírica, de que os filmes de "arte" não competem com os filmes "*mainstream*" e vice-versa, na maior parte dos casos.

Do ponto de vista geográfico, o mercado é nacional, dada a existência de direitos exclusivos para um determinado território: para os exibidores no Brasil, os distribuidores localmente instalados, mesmo os *majors*, são as únicas opções de fornecimento. Essa definição foi reconhecida no Brasil pela Seae (p. 10).

> No mercado de distribuição de filmes para exibição e no mercado de distribuição de filmes para entretenimento doméstico, a dimensão geográfica mais conveniente a ser adotada seria a nacional, dado que verificou-se a necessidade do distribuidor estar instalado no Brasil ou possuir contrato com algum distribuidor já instalado aqui.

Além disso, os distribuidores não estão presentes em todos os países, as participações de mercado em nível nacional são distintas e as políticas de comercialização — preço, marketing etc. — apresentam componentes específicos para cada país. Tais elementos afastam a possibilidade de esse mercado ser internacional na perspectiva antitruste.

Exibição em cinemas

Em todas as jurisdições, considera-se que a exibição de novos filmes (isto é, novos lançamentos ou *first run films*) em cinemas constitui um mercado relevante distinto daquele formado por outras formas de exibição — ou janelas —, como a TV paga ou aberta. Não somente a experiência de assistir a filmes em cinema é distinta — a despeito da evolução tecnológica do *home video* — como também a exibição deles em outras janelas ocorre, no caso dos *first run films*, apenas após a exibição nos cinemas. Dessa forma, um hipotético monopolista exibidor de novos filmes nos cinemas provavelmente poderia impor um aumento lucrativo de preços, sem perder grandes volumes de vendas para outras formas de exibição.[50]

Entretanto, esse cenário poderá mudar no futuro, caso os produtores decidam lançar seus filmes simultaneamente em diversas mídias. Na verdade, para filmes antigos, a concorrência entre os cinemas, o *home video* e a TV já é uma realidade.

Associada à questão dos diferentes tipos de conteúdo — gêneros — está a possível e já mencionada existência de vários mercados relevantes de exibição, cada um ligado a um determinado tipo de filme. Da mesma forma, poder-se-ia segmentar a exibição em exibição de filmes de grandes estúdios e filmes de arte, não havendo substituição do ponto de vista da demanda e da oferta entre essas duas categorias.

Finalmente, deve-se notar que, do ponto de vista geográfico, não há dúvidas de que o mercado relevante é local. A principal — embora não a única — variável na determinação da competitividade de um cinema é sua localização. Assim, entre dois cinemas com a mesma qualidade, exibindo o mesmo filme, o consumidor escolherá aquele que for mais próximo de sua residência ou local de trabalho. Isso porque os custos de deslocamento são bastante elevados em relação ao preço unitário do ingresso.

Obviamente, a exata determinação da amplitude geográfica de cada mercado relevante depende de uma série de fatores, que envolvem outras dimensões além da localização do cinema. Por exemplo, a qualidade das salas: um consumidor pode estar disposto a percorrer uma distância maior, caso o hipotético monopolista que ofertasse a exibição de um determinado filme em uma sala de rua sem os recursos de uma sala multiplex, localizada em um shopping, decidisse elevar seus preços em 5%. Para efeitos práticos e na ausência de um estudo empírico, a dimensão geográfica do mercado relevante de exibição, nos grandes municípios, deve ser próxima a de um bairro, e, nos pequenos, ao próprio município.

---

[50] Ver Monopolies and Mergers Commission (1994).

2. Barreiras à entrada

A importância da análise das barreiras à entrada não somente é reconhecida pela teoria econômica aplicada à área antitruste mas também na jurisprudência dos órgãos de defesa da concorrência nos países desenvolvidos. Sua relevância aparece explicitamente, por exemplo, no *Horizontal Merger Guidelines*, documento publicado em conjunto pelo Departamento de Justiça (DOJ) e pela Federal Trade Commission (FTC) dos Estados Unidos.

Nesse documento, cujo objetivo é dar transparência ao processo de análise e decisão no julgamento de atos de concentração, as autoridades norte-americanas responsáveis pela defesa da concorrência afirmam que "uma fusão provavelmente não criará ou aumentará o poder de mercado ou facilitará seu exercício, caso a entrada no mercado seja suficientemente fácil para impedir, após a fusão, que os participantes do mercado possam, coletiva ou unilateralmente, manter, lucrativamente, preços acima dos níveis verificados antes da fusão".[51] Nessas situações, a entrada potencial será suficiente para impedir o surgimento de eventuais efeitos anticompetitivos resultantes da fusão.

Os *Guidelines* classificam as empresas entrantes potenciais em dois tipos básicos: *uncommitted* e *committed entrants*. As primeiras são aquelas cuja nova oferta tenha, em resposta a um "pequeno mas significativo e não transitório" aumento de preços, a probabilidade de ocorrer em um período de um ano, sem que devam incorrer, para ofertar os seus produtos, em custos de entrada e saída significativos (*sunk costs*).[52]

---

[51] "*A merger is not likely to create or enhance market power or to facilitate its exercise, if entry into market is so easy that market participants, after the merger, either collectively or unilaterally could not profitably maintain a price increase above premerger levels*". Horizontal Mergers Guidelines, 1992, p. 25. Tradução livre: "Uma concentração não é suscetível a criar ou reforçar o poder de mercado ou facilitar o seu exercício, se a entrada no mercado é tão fácil que os seus participantes, após a fusão, coletiva ou unilateralmente, não poderiam manter um aumento de preços acima dos níveis pré-fusão de maneira rentável".

[52] Horizontal Mergers Guidelines, 1992, p. 11. Segundo o entendimento da FTC e do Departamento de Justiça dos Estados Unidos, custos de entrada e saída significativos (*significant sunk costs*) são aqueles que "*would not be recouped within one year of the commencement of the supply response, assuming a 'small but significant and non-transitory' price increase in the relevant market*" (Tradução livre: "Não seriam recuperados no prazo de um ano do início da oferta, pressupondo um 'au-

Além dos *uncommitted entrants*, os *Guidelines* apontam para a importância, do ponto de vista da presença de concorrência potencial e de limites ao exercício de poder de mercado derivado da existência de elevados índices de concentração econômica, dos chamados *committed entrants*, empresas que apresentam condições de superar, sem grandes dificuldades, as eventuais barreiras à entrada em um determinado mercado relevante.

Esse tipo de entrada é definida como aquela situação em que os novos entrantes devem incorrer em *sunk costs* significativos. Assim, a possibilidade de entrada no mercado relevante por *committed entrants* poderá impedir os potenciais efeitos anticompetitivos oriundos de um ato de concentração desde que satisfaça as seguintes condições:[53]

- o novo entrante possa gerar uma nova oferta significativa, do ponto de vista de seu impacto sobre a oferta geral no mercado relevante, dentro de um período de tempo razoável (*timeliness test*);
- a nova empresa possa atuar, no longo prazo, obtendo lucros, segundo os preços vigentes no mercado antes da efetivação do ato de concentração (*likelihood test*); e
- a nova estrutura de mercado, após a nova entrada, seja capaz de reduzir os preços de mercado para seus níveis anteriores à realização do ato de concentração (*sufficiency test*).

Caso esses testes sejam satisfeitos, o ato de concentração — fusão ou aquisição — não deverá ser motivo de preocupação por parte das autoridades antitruste, dispensando análises mais aprofundadas.[54] Tal consideração funda-se sobre o fato de que a ameaça associada à presen-

---

mento de preço pequeno, mas significativo e não transitório' no mercado relevante". É preciso diferenciar *sunk cost* do conceito de custos fixos: estes últimos podem ser recuperáveis quando da eventual saída da empresa do mercado. Os terrenos são um bom exemplo de custos fixos.

[53] Cf. *Horizontal Mergers Guidelines*, 1992, p. 25 a 30.

[54] "*In markets where entry is easy (i.e., where entry passes these tests of timeliness, likelihood and sufficiency), the merger raises no antitrust concern and ordinarily requires no further analysis*" Cf. *Horizontal Merger Guidelines*, 1992, p. 26. Tradução livre: "Em mercados em que a entrada é fácil (ou seja, quando a entrada passa nos testes de tempo razoável, probabilidade e suficiência), a fusão não suscita preocupações do ponto de vista da concorrência e normalmente não requer uma análise mais aprofundada".

ça de concorrentes potenciais e novas entradas no mercado relevante constituem um obstáculo real ao exercício do poder de mercado por parte de empresas que detenham *market shares* elevados no mercado relevante previamente definido.

No Brasil, segundo o Guia Conjunto da Seae/SDE, a possibilidade de entrada de novos competidores no mercado é fator que inibe o exercício do poder de mercado, unilateral ou coordenado, das empresas concentradas. O exercício do poder de mercado será considerado improvável quando a entrada for "provável", "tempestiva" e "suficiente".

A entrada será provável quando for economicamente lucrativa a preços pré-concentração e quando os preços puderem ser assegurados pelo possível entrante. Já o prazo socialmente aceitável para entrada está associado, normalmente, a um período de dois anos. Finalmente, a entrada será considerada suficiente quando permitir que todas as oportunidades de venda sejam adequadamente exploradas pelos entrantes em potencial.

Segundo o Guia Seae/SDE, quanto mais elevadas as barreiras à entrada em um mercado, maiores são as Escalas Mínimas Viáveis (EMV) necessárias para viabilizar a entrada no mercado. Assim, para cada oportunidade de venda, quanto mais elevadas as barreiras à entrada, menor será a probabilidade de ingresso de novas empresas no mercado. Igualmente, quanto mais elevadas as barreiras à entrada, menor a probabilidade de que a entrada não seja suficiente. Por isso, a análise dos efeitos da entrada sobre as condições de competição em um mercado requer o exame da magnitude das barreiras ao ingresso nesse mercado. No caso da indústria de cinema, as barreiras à entrada variam conforme o mercado relevante analisado.

No mercado de produção de filmes *mainstream*, as barreiras são elevadas, em função dos elevados requerimentos em termos de capital, talentos e *know-how* técnico. Já no mercado de filmes de arte, as barreiras são bem mais baixas. No Brasil, por exemplo, a oferta de fontes públicas de financiamento, pela renúncia fiscal, tem permitido a entrada de vários novos produtores independentes no mercado. No caso da produção independente nacional, portanto, as barreiras são possivelmente reduzidas.

O mesmo tipo de raciocínio ocorre no mercado de distribuição, em que a estabilidade das participações de mercado, no Brasil, mostra a dificuldade de entrada e crescimento de distribuidores não integrados na etapa de produção ou exibição. Por outro lado, a distribuição independente não parece exigir custos afundados significativos, sendo razoável supor que as barreiras à entrada sejam relativamente modestas. Essa suposição também se aplicaria à distribuição de filmes de arte.

Finalmente, na exibição em cinemas, as barreiras à entrada dependem da localização e do tipo de sala a ser aberta. Salas multiplex em grandes centros urbanos exigem elevados investimentos afundados, supondo a disponibilidade de espaço em uma determinada área.

Nos municípios menores, os investimentos em salas convencionais são bem mais baixos. Em ambos os casos, é possível que existam barreiras em termos de economias de escala: dado o tamanho do mercado (local), a abertura de uma sala com escala competitiva pode não ser rentável. Seja como for, talvez o principal requerimento em termos de entrada seja a habilidade do exibidor em obter os direitos de exibição de novos filmes populares (*mainstream*).

Participação nos mercados relevantes

1. Exibição

Embora o mercado de exibição seja relativamente desconcentrado em termos nacionais, a análise da participação dos grupos exibidores por mercado relevante — tendo o município como *proxy* — revela a existência de inúmeros monopólios. Com efeito, deve-se notar que cerca de 51% (234) dos 454 municípios com salas no Brasil possuem somente uma sala; 17% (80), apenas duas e 8% (36), três. A maior parte dos municípios com duas ou três salas é monopolizada, sendo suas salas controladas por um único grupo. Dos 80 maiores municípios em termos de números de salas, todos com mais de cinco salas, 18 (22%) são monopólios. O CR4 da cidade de São Paulo é de 67,6%; o do município do RJ, 64%, e na cidade de BH, 66,4%. Tal situação se repete nos principais municípios nacionais em termos de público, renda e salas.

Quanto menor o número de salas de um município, maior a tendência à concentração.

Finalmente, é importante mencionar que, segundo Voguel (2001:46), a demanda por ingressos é inelástica em relação ao preço, ainda que sensível face ao custo total da ida ao cinema. Diversos outros fatores, tais como os atores e diretores envolvidos, críticas, gastos com campanhas de marketing, são importantes para a decisão do consumidor.

2. Produção e distribuição

Trata-se de um mercado concentrado no Brasil e no mundo. Conforme visto,[55] o CR4 é elevado, estando próximo aos 90%. Não há dados desagregados disponíveis sobre a distribuição por gênero ou por tipo de filme (*mainstream* ou filme de arte), mas não há indícios de que o grau de concentração seria menor caso a desagregação fosse maior.

Quanto à produção, não existem dados disponíveis sobre a participação de mercado por produtora. Entretanto, dado o número de produtores, inclusive independentes, não há indícios de elevada concentração, sobretudo se levarmos em conta a dimensão geográfica do mercado, de âmbito internacional.

Integração vertical

A integração vertical pode ser realizada mediante a propriedade comum ou um sistema de contratos. Em ambos os casos, a resultante coordenação das decisões ligadas à produção, distribuição e exibição substitui os incentivos associados à competição entre agentes independentes. Tais relações verticais podem ser, como já foi mencionado neste texto, eficientes. Entretanto, se as condições de mercado — *upstream* ou *downstream* — forem marcadas por elevada concentração e barreiras à entrada, a integração vertical pode permitir o exercício de poder de mercado ou a elevação dos custos de rivais não integrados.

---

[55] Ver, neste texto, "A indústria do cinema no Brasil".

Na indústria do cinema a integração vertical não é um fenômeno recente.[56] Produtores, distribuidores e exibidores sempre reclamaram de tratamento discriminatório por parte de agentes verticalmente integrados. Por exemplo, exibidores verticalmente integrados ou com cadeias nacionais em geral têm maiores vantagens na obtenção de *blockbusters*, no valor a ser pago pelo aluguel dos filmes, nos períodos de exibição etc. *vis-à-vis* os exibidores independentes e menores, sujeitos a uma série de restrições.

No Brasil, não existem grupos verticalmente integrados na distribuição e exibição de filmes, salvo no caso dos circuitos de filmes de arte. De fato, grupos como o Estação atuam na distribuição e exibição de filmes de arte. Os dados disponíveis não permitem uma análise mais aprofundada dos impactos dessa integração vertical nos mercados de distribuição e exibição de filmes de arte (supondo que sejam mercados relevantes distintos dos mercados de distribuição e exibição de filmes *mainstream*). Em princípio, portanto, pelo menos no que diz respeito à distribuição/exibição de filmes em geral, a estrutura da indústria brasileira de cinema não gera incentivos para a emergência de práticas discriminatórias.

Tal afirmação não implica, evidentemente, que não possam existir relações privilegiadas entre grandes distribuidores com poder de mercado — Warner, Columbia/Sony/Buena Vista, Fox, UIP — e grandes grupos exibidores, também detentores de poder de mercado em determinados municípios e com atuação em nível nacional, como os grupos UCI e Severiano Ribeiro, como mostra a experiência internacional. De fato, entre as condutas mencionadas por essa experiência, não necessariamente anticompetitivas, estão:

(i) hierarquização de cinemas em função de seu potencial de faturamento. Em geral, os filmes de primeira exibição *mainstream* são exibidos nos cinemas de cadeias nacionais, sendo distribuídos para cinemas concorrentes menores somente após a exaustão de seu potencial de bilheteria;

---

[56] Ver, neste texto, "Defesa da concorrência e a indústria do cinema: algumas lições da experiência internacional".

(ii) imposição de períodos mínimos de exibição, que tende a dificultar a atuação de exibidores com menos salas e dos produtores independentes;

(iii) imposição de períodos de tempo mínimos entre o fim da exibição de um filme por parte do grupo de cinemas no seu lançamento e a sua exibição por outros grupos exibidores;

(iv) determinação de direitos de exibição exclusivos dentro de determinadas áreas (*zoning*);

(v) *block booking*;

(vi) *blind bidding*; e

(vii) exigência de pagamentos adiantados por parte de exibidores para distribuidores ou de valores mínimos independentemente do desempenho dos filmes.

Entretanto, está fora do âmbito deste artigo aferir se tais relações de fato existem — informação de natureza privada — e, existindo, se constituem infrações à ordem econômica, fato que dependeria de uma ampla análise antitruste, inclusive com o exame das possíveis eficiências associadas a essas eventuais práticas.

Finalmente, deve-se mencionar a possibilidade de que outros tipos de integração vertical possam ter impacto anticompetitivo, tal como a integração entre operadores de TV (aberta ou por assinatura) e produtores. De fato, tal integração pode gerar a exclusão de produtores independentes, no que tange a essa forma de exibição, ou ainda o fechamento do mercado para outras redes de TV.

Conclusões e recomendações

Este artigo procurou fazer uma avaliação preliminar da indústria do cinema no Brasil, sob a perspectiva da política de defesa da concorrência. Dada a carência de informações sobre a estrutura da indústria e sobre o comportamento dos agentes, em particular o caráter privado das políticas comerciais das distribuidoras, o artigo não visou a elaborar um diagnóstico antitruste da indústria em tela, mas sim identificar um conjunto de questões relevantes para o aprofundamento do conhecimento da sociedade sobre a indústria do cinema no Brasil, sob o enfoque da defesa da concorrência.

Nesse sentido, três observações conclusivas parecem emergir da análise realizada. Em primeiro lugar, destaca-se a elevada concentração horizontal nos mercados *relevantes* de distribuição e exibição no Brasil, fato que exige uma atenção especial das autoridades antitruste quando da eventual realização de atos de concentração entre agentes atuantes nesses dois mercados, inclusive *joint ventures* e acordos de distribuição das *majors* no Brasil.

Em segundo lugar, a ausência de relações verticais entre os agentes atuantes nas diferentes etapas da indústria do cinema no país, bem como a falta de representações e reclamações na esfera antitruste contra as condutas de distribuidores e exibidores, parecem indicar a inexistência de práticas anticompetitivas de natureza vertical.

Finalmente, é preciso existir maior interação entre a Ancine e o Cade, tendo em vista o referencial analítico e a experiência de regulação da *concorrência*, expressa na tradição da teoria e da *política antitruste*. Embora as especificidades da regulação eventualmente impeçam uma aplicação pura e simples das técnicas usadas pela economia antitruste, estas são um referencial muito rico, provavelmente essencial, para buscar prevenir as condições estruturais e estratégicas que viabilizem possíveis *condutas anticompetitivas* na indústria do cinema.

Assim, apesar das eventuais especificidades do setor e, no caso brasileiro, das formas legais e institucionais que a regulação assume nele, incluindo as atribuições da Ancine, é inequívoco que muito se pode e deve aprender, nesse terreno, sobre a experiência nacional e principalmente internacional no âmbito da *defesa da concorrência*. O aproveitamento e a aplicação direta dessa experiência, no que couber, por parte da própria agência reguladora, mais do que a mera submissão de casos específicos com sério potencial anticompetitivo aos órgãos de defesa da concorrência, é uma estratégia institucional com boas chances de produzir uma atuação pronta e eficaz ao longo processo de aprendizado institucional. Além do mais, o órgão regulatório deve estar atento para as consequências de suas políticas sobre as condições de concorrência nos mercados relevantes da indústria do cinema.

Referências

BAIN, Joe S. *Barriers to new competition*. Cambridge, Mass.: Harvard University Press, 1956.

BRAULT, Dominique. *Droit de la concurrence comparé*. Paris: Economica, 1995 (Colection Droit des Affaires de L'Entreprise. Série: Recherches).

DE VANY, Arthur; McMILLAN, Henry. Was the antitrust action that broke up the movie studios good for the movies? Evidence from the stock market. *American Law and Economics Review*, n. 6, p. 135-153, 2004.

EUROPEAN COMMISSION. *Notice on the application of competition rules*, Feb. 1998.

FAGUNDES, Jorge. *Fundamentos econômicos das políticas de defesa da concorrência*. São Paulo: Singular, 2003.

_____. Os objetivos das políticas de defesa da concorrência: a Escola de Harvard e a Escola de Chicago. *Revista do Ibrac*, v. 10, n. 3, dez. 2003a.

_____. Eficiência econômica e distribuição de renda em análises antitruste: o modelo do Price Standard. *Revista do Ibrac*, v. 10, n. 5, dez. 2003b.

_____. Restrições verticais: efeitos anticompetitivos e eficiências. *Revista do Ibrac*, v. 12, n. 6, 2006.

FARINA, E. Política industrial e política antitruste: uma proposta de conciliação. *Revista do Ibrac*, v. 3, n. 8, 1996.

HOROWITZ, I. The perceived potential competitor: antitrust sinner or saint. *The Antitrust Bulletin — The Journal of American and Foreign Antitrust and Trade Regulation*, v. XXVI, n. 2, 1981.

HOVENKAMP, Herbert. *Federal antitrust policy*. St. Paul: West Publ. Co., 1994.

HUBER, P.; KELLOG, M.; THORNE, J. *The geodesic network II*: 1993 Report on competition in the telephone industry. 1993. ms.

JONES, Ross. *Developments in the cinema distribution and exhibition industry*. 1998. Disponível em: <www.accc.gov.au/content/item.phtml?itemId=305272&nodeId=9b0ec153ed39f24f539b5f95d43436d5&fn=The%20Cinema%20Industry.pdf>.

KAPLAN, L. Potential competition and Section 7 of the Clayton Act. *The Antitrust Bulletin — The Journal of American and Foreign Antitrust and Trade Regulation*, v. XXV, n. 2, 1980.

LUCA, L. G. A. Anotações para o desenvolvimento de uma indústria cinematográfica brasileira. In: ALMEIDA, Paulo Sérgio; BUTCHER, Pedro (Orgs.). *Cinema* — desenvolvimento e mercado. 1. ed. Rio de Janeiro: Aeroplano/Filme B, 2003.

MANKIW, N. Gregory. *Introdução à economia*: princípios de micro e macroeconomia. Rio de Janeiro: Elsevier, 2001.

MONOPOLIES AND MERGERS COMMISSION. *Films*: a report on the supply of films for exhibition in cinemas in the UK. London: HMSO, 1994. (CM2673).

ORDOVER, Janusz; SALONER, Garth; SALOP, Steven. Equilibrium vertical foreclosure. *American Economic Review*, American Economic Association, v. 80, p. 127-142, March 1990.

OECD. *Competition policy and film distribution*. 1996. Disponível em: <www.oecd.org/dataoecd/34/21/1920038.pdf>.

POSSAS, Mário L. Os conceitos de mercado relevante e de poder de mercado no âmbito da defesa da concorrência. *Revista do Ibrac*, v. 3, n. 5, 1996.

_____; FAGUNDES, Jorge; PONDE, João Luís. Política antitruste: um enfoque schumpeteriano. In: ENCONTRO NACIONAL DE ECONOMIA, XXIII. *Anais...* Anpec, Salvador, 1995.

_____; _____; _____. *Defesa da concorrência e regulação na transição de monopólios naturais para estruturas oligopolistas*. Relatório de Pesquisa, Ipea, 1997.

ROSS, Stephen. *Principles of Antitrust Law*. New York: The Foundation Press, 1993.

SCHERER, Frederic M.; ROSS, David. *Industrial market structure and economic performance*. 3. ed. Boston: Houghton Mifflin, 1990.

SHEPHERD, William G. *The economics of industrial organization*. 4. ed. New Jersey: Prentice Hall, 1997.

SULLIVAN, E. Thomas; HARRISON, Jeffrey. *Understanding antitrust and its economic implications*. New York: Matthew Bender & Co., 1998.

VISCUSI, W. Kip; VERNON, John M.; HARRINGTON, Joseph. *Economics of regulation and antitrust.* Cambridge, Mass: The MIT Press, 1995.

VOGUEL, Harold L. *Entertainment industry economics.* 5. ed. Cambridge University Press, 2001.

WILLIAMSON, Oliver. Economies as an antitrust defense: The Welfare Trade-offs. *American Economic Review*, n. 58, p. 18-36, Mar. 1968.

_____. *The economic institutions of capitalism.* New York: The Free Press, 1985.

_____. Economies as an antitrust defense revised. In: CALVANI, T.; SIEGFRIED, J. (Orgs.). *Economic analysis and Antitrust Law.* Boston: Little, Brown and Company, 1988.

WHITNEY, Simon N. Vertical disintegration in the motion picture industry. *The American Economic Review*, n. 45, p. 491-498, 1955.

Anexo

Os maiores municípios brasileiros em termos de renda e público

	Município	UF	Público	Renda	PMI	N° de salas	Pu/S	R/S
1	São Paulo	SP	14.607.034	125.848.872,00	8,62	249	58.663	505.417
2	Rio de Janeiro	RJ	9.128.442	81.164.903,70	8,89	156	58.516	520.288
3	Belo Horizonte	MG	3.249.956	22.173.168,25	6,82	66	49.242	335.957
4	Porto Alegre	RS	2.971.454	20.534.760,36	6,91	56	53.062	366.692
5	Brasília	DF	2.931.743	25.200.006,40	8,6	67	43.757	376.119
6	Curitiba	PR	2.866.615	20.117.013,25	7,02	57	50.291	352.930
7	Campinas	SP	2.640.909	20.047.512,00	7,59	51	51.783	393.088
8	Salvador	BA	2.535.953	18.928.724,00	7,46	36	70.443	525.798

continua

	Município	UF	Público	Renda	PMI	Nº de salas	Pu/S	R/S
9	Recife	PE	2.168.087	13.833.612,00	6,38	31	69.938	446.246
10	Fortaleza	CE	1.742.650	11.922.942,35	6,84	28	62.238	425.819
11	Goiânia	GO	1.555.497	10.647.490,55	6,85	30	51.850	354.916
12	Niterói	RJ	1.272.803	9.803.532,57	7,7	18	70.711	544.641
13	Manaus	AM	1.235.625	9.371.745,40	7,58	22	56.165	425.988
14	Ribeirão Preto	SP	1.138.256	7.445.561,60	6,54	27	42.158	275.762
15	Santos	SP	1.137.150	7.696.192,50	6,77	17	66.891	452.717
16	Belém	PA	952.085	6.231.833,20	6,55	17	56.005	366.578
17	Guarulhos	SP	951.597	7.864.707,00	8,26	15	63.440	524.314
18	Santo André	SP	866.426	6.761.479,50	7,8	15	57.762	450.765
19	Cuiabá	MT	858.895	5.914.891,95	6,89	18	47.716	328.605
20	São Luís	MA	771.689	5.068.292,50	6,57	16	48.231	316.768
21	São José dos Campos	SP	763.435	5.525.560,50	7,24	15	50.896	368.371
22	Aracaju	SE	743.212	4.288.702,00	5,77	14	53.087	306.336
23	São Bernardo do Campo	SP	740.186	5.608.769,50	7,58	13	56.937	431.444
24	João Pessoa	PB	733.879	3.734.861,25	5,09	18	40.771	207.492
25	Campo Grande	MS	724.405	4.863.288,00	6,71	13	55.723	374.099
26	Taguatinga	DF	691.866	4.950.309,50	7,16	11	62.897	450.028
27	Sorocaba	SP	680.613	3.603.739,00	5,29	19	35.822	189.670
28	Barueri	SP	649.825	5.926.029,32	9,12	9	72.203	658.448
29	Londrina	PR	642.455	3.913.798,50	6,09	9	71.384	434.867

continua

	Município	UF	Público	Renda	PMI	Nº de salas	Pu/S	R/S
30	São José do Rio Preto	SP	582.721	3.262.148,00	5,6	9	64.747	362.461
31	Natal	RN	580.092	3.872.967,50	6,68	7	82.870	553.281
32	Uberlândia	MG	574.604	3.586.089,30	6,24	13	44.200	275.853
33	Vitória	ES	562.167	3.720.386,00	6,62	10	56.217	372.039
34	Florianópolis	SC	554.256	3.741.733,00	6,75	5	110.851	748.347
35	Jundiaí	SP	548.168	3.534.953,50	6,45	7	78.310	504.993
36	Jaboatão	PE	532.514	3.827.228,75	7,19	12	44.376	318.936
37	Piracicaba	SP	531.408	3.210.061,00	6,04	6	88.568	535.010
38	Vila Velha	ES	513.476	3.751.363,75	7,31	9	57.053	416.818
39	Contagem	MG	492.890	2.510.580,85	5,09	10	49.289	251.058
40	Taboão da Serra	SP	447.910	2.891.419,50	6,46	5	89.582	578.284
41	Praia Grande	SP	445.939	2.511.218,30	5,63	10	44.594	251.122
42	Maringá	PR	430.996	2.329.494,00	5,4	9	47.888	258.833
43	Joinville	SC	408.812	2.326.058,50	5,69	5	81.762	465.212
44	Juiz de Fora	MG	397.605	2.024.698,22	5,09	9	44.178	224.966
45	Canoas	RS	396.900	2.829.268,00	7,13	7	56.700	404.181
46	Maceió	AL	395.709	2.552.767,70	6,45	6	65.952	425.461
47	Caxias do Sul	RS	387.261	2.492.558,00	6,44	10	38.726	249.256
48	São Gonçalo	RJ	387.215	2.603.835,25	6,72	9	43.024	289.315
49	Blumenau	SC	377.184	2.394.516,00	6,35	6	62.864	399.086
50	Mauá	SP	305.365	1.881.705,50	6,16	5	61.073	376.341

continua

	Município	UF	Público	Renda	PMI	Nº de salas	Pu/S	R/S
51	São João de Meriti	RJ	294.313	2.505.624,70	8,51	6	49.052	417.604
52	Ponta Grossa	PR	256.077	1.464.261,00	5,72	9	28.453	162.696
53	Bauru	SP	247.874	1.305.947,00	5,27	4	61.969	326.487
54	Nova Iguaçu	RJ	244.213	1.865.085,35	7,64	5	48.843	373.017
55	Uberaba	MG	241.484	1.258.914,05	5,21	11	21.953	114.447
56	Araraquara	SP	238.004	1.279.133,50	5,37	10	23.800	127.913
57	Novo Hamburgo	RS	237.324	1.618.355,50	6,82	7	33.903	231.194
58	Osasco	SP	236.631	1.566.867,50	6,62	10	23.663	156.687
59	Aparecida de Goiânia	GO	234.795	1.302.562,00	5,55	6	39.133	217.094
60	Feira de Santana	BA	220.451	1.128.427,00	5,12	5	44.090	225.685

Fonte: Filme B.

A produção audiovisual sob a incerteza da Lei de Direitos Autorais

*Sérgio Branco**

Introdução

O propósito deste artigo é discutir um problema prático. Imagine que o diretor de uma obra audiovisual deseje usar um trecho de filme ou de música de obra preexistente, de outro autor, na própria obra. Está o diretor da obra audiovisual nova obrigado a pedir autorização dos titulares das obras que pretende usar? Ou poderá o diretor, com base na lei, valer-se das obras independentemente de autorização? Caso possa usar a obra sem solicitar uma autorização especial, em que medida a obra alheia poderá ser usada?

No cotidiano de quem trabalha com produção audiovisual, tais questões são centrais. Para muito além das indagações teóricas, a matéria desperta dúvidas concretas que pretendemos abordar neste breve estudo. A propósito, convém citarmos um caso verídico que poderá servir como fio condutor da temática exposta.

Recentemente, foi produzido documentário biográfico sobre conhecido humorista brasileiro. O objetivo do filme era traçar, em cerca de uma hora, a trajetória do ator e a história de seu personagem mais conhecido pelo grande público.

---

* Mestre en direito civil pela Uerj e professor da FGV Direito Rio.

Uma vez que o filme buscava apresentar a síntese da carreira do comediante, nada mais razoável do que usar pequenos trechos de obras antigas nas quais o ator havia participado. Assim, a diretora do filme decidiu usar, na própria obra (que chamaremos de "Filme Novo"), dois trechos de filmes da década de 1960 em que o ator biografado aparecia atuando (que chamaremos de "Filmes Antigos"). Cada trecho dos Filmes Antigos durava menos de um minuto e ambos pertenciam a obras fora de circulação comercial.

A intenção da diretora era, evidentemente, ilustrar o início da carreira do comediante, o que parecia importante para a realização do seu filme. Assim sendo, decidiu entrar em contato com os titulares dos direitos autorais dos Filmes Antigos para pedir a autorização que ela entendia ser devida.

Uma vez consultados, os titulares dos direitos autorais afirmaram que apenas permitiriam o uso de suas obras mediante pagamento de valor que correspondia a aproximadamente 50% do orçamento total do filme. Naturalmente, esse valor extrapolava qualquer possibilidade de ser pago pela produção do Filme Novo, e se o preço exigido fosse mantido, o filme não poderia se valer de trechos dos filmes produzidos nos anos 1960.

Depois de algum tempo de negociação, a diretora conseguiu reduzir o valor para cerca de 10% do total pedido inicialmente. Dessa forma, as licenças foram conferidas e os trechos dos Filmes Antigos puderam ser legalmente inseridos na nova obra.

Na verdade, os fatos narrados nos permitem algumas interessantes considerações. O uso de obras antigas em obras novas é algo inerente à criação humana. É célebre a afirmação de Northrop Frye (apud Rose, 1993:2) de que "poesia só pode ser feita a partir de outros poemas e romances a partir de outros romances". São infindáveis os exemplos de autores que se valeram de obras precedentes para criar as suas. Na verdade, raros seriam os exemplos de autores que fossem absolutamente originais.[1]

---

[1] Interessantes observações são feitas por Landes e Posner (2003:66-67) com relação ao uso, por parte de autores famosos, de obras preexistentes: "O efeito do direito autoral nos autores de obras subsequentes requer especial ênfase. Criar um novo trabalho envolve pegar emprestado ou criar a partir de trabalhos anteriormente existentes, bem como adicionar expressão original a eles. Um novo trabalho de ficção, por exemplo, conterá a contribuição do autor, mas também personagens, situações, detalhes etc. que foram inventados por autores precedentes. (...) Um tratado de direitos autorais, ao aplicar o teste de *substancial similaridade* que muitos

Mas se o uso de obras alheias em obras novas é algo tão natural na criação humana, pode parecer estranho que os responsáveis pela produção do Filme Novo tenham decidido pagar pelo uso das obras mais antigas. A questão é de fato extremamente complexa, e no momento nos cabe indagar:

(i) a cobrança pelo uso dos trechos dos Filmes Antigos é realmente devida?

(ii) caso seja considerada devida, qual o valor justo a ser cobrado?

(iii) não sendo devida — ou seja, podendo o autor da obra nova se valer de obras preexistentes independentemente de autorização, em que extensão podem as obras preexistentes ser usadas?

Para começarmos a responder a estas perguntas, analisaremos, no tópico a seguir, a Lei de Direitos Autorais brasileira (LDA).

A Lei de Direitos Autorais do Brasil

No Brasil, os direitos autorais são regidos pela Lei nº 9.610/98. Para a análise dos problemas de que trata este artigo, vamos nos referir apenas aos artigos da LDA diretamente relacionados aos aspectos aqui discutidos.

De modo geral, a LDA é extremamente restritiva no que diz respeito ao uso de obras protegidas por direitos autorais[2] sem o consentimen-

---

tribunais usam, concluiria que *Amor sublime amor* infringiria os direitos sobre *Romeu e Julieta* se este estivesse protegido por direitos autorais. Sendo assim, então *Medida por medida* infringiria os (hipotéticos) direitos de uma peça Elizabetana, *Promos e Cassandra*; o romance *Na época do ragtime*, de Doctorow, infringiria os direitos de Heinrich von Kleist sobre seu romance *Michael Kohlhaas*; e o próprio *Romeu e Julieta* infringiria a obra de Arthur Brooke, *A trágica história de Romeu e Julieta*, publicada em 1562 e que, por sua vez, infringiria a história de Ovídio sobre Pyramus e Thisbe — que em *Sonhos de uma noite de verão* Shakespeare encenou como a peça dentro da peça; outra infração dos 'direitos autorais' de Ovídio. Estivesse o Velho Testamento protegido por direitos autorais, então *Paraíso perdido* os teria infringido, bem como o romance de Thomas Mann, *José e seus irmãos*. Ainda pior: no caso de autores antigos, como Homero e os autores do Velho Testamento, não temos como saber suas fontes e assim não sabemos até que ponto eram tais autores originais e até que ponto eram copiadores".

[2] É importante mencionar que os direitos autorais podem ser divididos em duas vertentes, os morais e os patrimoniais. No momento em que uma obra é criada, nascem para os autores esses dois "feixes" de direitos. Os direitos morais (previstos na LDA em seu art. 24) são considerados direitos de personalidade e têm como um de seus principais objetivos vincular a obra ao autor, daí os direitos de paternidade, de manter a integridade da obra, de mantê-la inédita, entre outros. Nesse sentido, os direitos morais são perpétuos, indisponíveis, inalienáveis, como são, de regra, os direitos de personalidade. Já os direitos patrimoniais são aqueles que permitem ao autor fazer uso econômico de sua obra e estão previstos no art. 29 da LDA, como se vê a seguir.

to do autor. De acordo com os termos de seu art. 29, competirá ao autor autorizar, prévia e expressamente, qualquer uso de sua obra, tais como a reprodução parcial ou integral, a adaptação, a tradução, entre outros.[3] Mas que obras estão protegidas pelo direito autoral?

Em primeiro lugar, a LDA indica, em seu art. 7º,[4] que obras visa a proteger. De maneira simplista, pode-se dizer que textos, fotografias, músicas, *softwares* e obras audiovisuais, entre outras, são protegidas.

---

[3] Diz o art. 29, apontando os direitos patrimoniais do autor:
"Depende de autorização prévia e expressa do autor a utilização da obra, por quaisquer modalidades, tais como:
I – a reprodução parcial ou integral;
II – a edição;
III – a adaptação, o arranjo musical e quaisquer outras transformações;
IV – a tradução para qualquer idioma;
V – a inclusão em fonograma ou produção audiovisual;
VI – a distribuição, quando não intrínseca ao contrato firmado pelo autor com terceiros para uso ou exploração da obra;
VII – a distribuição para oferta de obras ou produções mediante cabo, fibra ótica, satélite, ondas ou qualquer outro sistema que permita ao usuário realizar a seleção da obra ou produção para percebê-la em um tempo e lugar previamente determinados por quem formula a demanda, e nos casos em que o acesso às obras ou produções se faça por qualquer sistema que importe em pagamento pelo usuário;
VIII – a utilização, direta ou indireta, da obra literária, artística ou científica, mediante:
a) representação, recitação ou declamação;
b) execução musical;
c) emprego de alto-falante ou de sistemas análogos;
d) radiodifusão sonora ou televisiva;
e) captação de transmissão de radiodifusão em locais de frequência coletiva;
f) sonorização ambiental;
g) a exibição audiovisual, cinematográfica ou por processo assemelhado;
h) emprego de satélites artificiais;
i) emprego de sistemas óticos, fios telefônicos ou não, cabos de qualquer tipo e meios de comunicação similares que venham a ser adotados;
j) exposição de obras de artes plásticas e figurativas.
IX – a inclusão em base de dados, o armazenamento em computador, a microfilmagem e as demais formas de arquivamento do gênero;
X – quaisquer outras modalidades de utilização existentes ou que venham a ser inventadas".
[4] "Art. 7º – São obras intelectuais protegidas as criações do espírito, expressas por qualquer meio ou fixadas em qualquer suporte, tangível ou intangível, conhecido ou que se invente no futuro, tais como:
I – os textos de obras literárias, artísticas ou científicas;
II – as conferências, alocuções, sermões e outras obras da mesma natureza;
III – as obras dramáticas e dramático-musicais;
IV – as obras coreográficas e pantomímicas, cuja execução cênica se fixe por escrito ou por outra qualquer forma;
V – as composições musicais, tenham ou não letra;

No entanto, para gozarem da proteção, precisam estar dentro do prazo previsto em lei.

Em regra, o prazo de proteção das obras é de 70 anos, contados de 1º de janeiro do ano subsequente ao da morte do autor.[5] Assim, a regra é que, morrendo o autor, a partir do início do ano seguinte contam-se 70 anos, após o que a obra cai em domínio público. Isso significa que, ao término de tal prazo, qualquer pessoa pode usar a obra — mesmo com fins lucrativos — sem pedir autorização. Isso explica, por exemplo, por que há tantas adaptações de Shakespeare e Machado de Assis para cinema, televisão e mesmo em texto (por meio de sucessivas releituras de seus textos originais), uma vez que as obras dos escritores estão todas em domínio público.

Há, no entanto, prazos especiais. As fotografias e obras audiovisuais são protegidas por 70 anos contados de sua divulgação.[6] Dessa forma, uma vez publicadas, o prazo de proteção de tais obras é de 70 anos, que devem ser contados a partir do dia 1º de janeiro do ano subsequente ao de seu lançamento.

Dessa forma, para obras fotográficas e audiovisuais, é teoricamente possível que um autor ainda esteja vivo quando suas obras começam a cair em domínio público. Um fotógrafo que publique seus primeiros trabalhos aos 18 anos, por exemplo, verá tais trabalhos caírem em domínio público quando atingir 88 anos. E assim sucessivamente com seus demais trabalhos publicados.

VI – as obras audiovisuais, sonorizadas ou não, inclusive as cinematográficas;

VII – as obras fotográficas e as produzidas por qualquer processo análogo ao da fotografia;

VIII – as obras de desenho, pintura, gravura, escultura, litografia e arte cinética;

IX – as ilustrações, cartas geográficas e outras obras da mesma natureza;

X – os projetos, esboços e obras plásticas concernentes à geografia, engenharia, topografia, arquitetura, paisagismo, cenografia e ciência;

XI – as adaptações, traduções e outras transformações de obras originais, apresentadas como criação intelectual nova;

XII – os programas de computador;

XIII – as coletâneas ou compilações, antologias, enciclopédias, dicionários, bases de dados e outras obras, que, por sua seleção, organização ou disposição de seu conteúdo, constituam uma criação intelectual".

[5] Art. 41 da LDA.

[6] Art. 44 da LDA.

Até que a obra caia em domínio público, ou seja, durante o prazo de proteção, portanto, ninguém pode fazer uso de obra de terceiro — com ou sem fins lucrativos — sem a devida autorização. No entanto, se o disposto no art. 29 da LDA for interpretado literalmente, teríamos que nos deparar com situações absolutamente inaceitáveis.

Por exemplo, diz o inciso I do referido artigo que depende de autorização prévia e expressa do autor a utilização de sua obra por meio de reprodução parcial ou integral. Ora, se interpretada em sua literalidade, seria impossível, diante dos termos da lei, fazer qualquer cópia, de qualquer obra protegida por direitos autorais, ainda que se tratasse de uma única página de um livro.

Para evitar situações absurdas como a descrita no parágrafo anterior, a LDA prevê as limitações e exceções aos direitos de autor. Isso significa que, diante de determinadas circunstâncias, poderão as obras — mesmo protegidas — ser usadas independentemente do consentimento do autor, ou mesmo contra sua vontade.[7]

O que a LDA pretende, com a previsão de limitações e exceções, é possibilitar, dentro de determinados parâmetros, o uso de obras de terceiros sem que haja necessidade da autorização prévia e expressa. No entanto, na maioria dos casos, as limitações e exceções são insuficientes para garantir acesso ao conhecimento e difusão da cultura.

Vejamos o que diz o art. 46 da LDA a respeito do uso de obras de terceiros em obras próprias:

---

[7] No que diz respeito à cópia de obras alheias, a disposição legal é bastante infeliz. O art. 29, I, da LDA proíbe a reprodução parcial ou integral sem prévia e expressa autorização do titular dos direitos. Conforme mencionamos, seria absurdo imaginar que, nos termos da lei, fosse ilícito a alguém fazer cópia de qualquer obra protegida por direitos autorais sem prévia e expressa autorização por parte de seus titulares. Daí a necessidade de a lei prever as limitações e exceções a tais direitos. No que tange ao direito de cópia, a LDA é extremamente restritiva e, de modo genérico, não permite cópia integral para uso privado, ao contrário da lei anterior. A Lei nº 5.988/73, que regulou os direitos autorais no Brasil até o advento da LDA, permitia uma cópia integral desde que não se destinasse à utilização com intuito de lucro. A lei atual permite apenas a cópia de pequenos trechos. Esse dispositivo gera inúmeras controvérsias, tanto por sua imprecisão (qual a medida dos "pequenos trechos") quanto por sua falta de eficácia social (especialmente com as novas tecnologias, que tornam praticamente impossível haver verificação, por parte do Estado, a respeito do cumprimento da norma).

Art. 46. Não constitui ofensa aos direitos autorais:

[...]

III – a citação em livros, jornais, revistas ou qualquer outro meio de comunicação, de passagens de qualquer obra, para fins de estudo, crítica ou polêmica, na medida justificada para o fim a atingir, indicando-se o nome do autor e a origem da obra;

[...]

VIII – a reprodução, em quaisquer obras, de pequenos trechos de obras preexistentes, de qualquer natureza, ou de obra integral, quando de artes plásticas, sempre que a reprodução em si não seja o objetivo principal da obra nova e que não prejudique a exploração normal da obra reproduzida nem cause um prejuízo injustificado aos legítimos interesses dos autores.

Ora, quando a lei afirma que "não constitui ofensa aos direitos autorais" significa que tal uso encontra-se permitido ao usuário da obra. No que diz respeito à utilização de obras alheias em obras audiovisuais, podemos analisar sobretudo os dois incisos anteriormente transcritos. A propósito, será que, diante dos termos dos referidos incisos, podemos decidir se é indispensável haver pagamento pelo aproveitamento de trechos de obras preexistentes em obra nova? Ou precisaremos nos valer de elementos extralegais?

O inciso III garante o chamado direito de citação. Tal direito confere ao usuário a possibilidade de, em obra própria, mencionar trecho de obra alheia. Observe-se que a LDA aponta os requisitos para que o direito de citação seja legalmente aceito:

- a citação poderá ser feita em qualquer meio de comunicação;
- a citação deve ter a finalidade de promover estudo, crítica ou polêmica;
- deve a citação ser feita na medida justificada ao fim que se pretende atingir;
- é necessário fazer menção ao nome do autor e à origem da obra.

Quem estuda direito sabe que os livros jurídicos são repletos de citações de terceiros. É muito comum um autor, ao tratar de determinado assunto, valer-se de trechos de obras de terceiros para servir de respaldo ou de contraponto. Autores de textos jurídicos sempre buscam terceiros cujas obras vão servir para reforçar suas ideias ou para contrapô-las. Mesmo este texto já contém diversas notas de rodapé nas quais se podem ler referências a outros autores. Isso não é plágio, isso é direito de citação, garantido pela LDA.

Certamente, em muitas outras carreiras (se não em todas) é extremamente comum haver citações a obras alheias em trabalhos científicos. Assim deve se dar com livros que tratam de cinema, de engenharia, de comunicação ou de medicina.

No entanto, não apenas em livros técnicos o direito de citação é encontrado. É extremamente comum haver, em livros de literatura, epígrafes que transcrevem textos de obras alheias. Além disso, diversos são os manuais que se dedicam à análise literária por meio da transcrição de trechos de obras de terceiros, valendo-se do direito de citação.[8]

O direito de citação em livros não é contestado pelo mercado. Dificilmente, alguém será contrário à prática desse direito. É importante percebermos que a LDA não veda o uso comercial da obra nova, aquela que se vale da citação de obras alheias.

Se assim se dá com o mercado de livros, por que, então, o direito de citação não é igualmente incontestável nas obras audiovisuais?

Analisemos o caso proposto. Se a LDA prevê a citação em *qualquer meio de comunicação*, então não há como se contestar a interpretação de que a citação é possível também em obras audiovisuais. Com isso, atende-se ao primeiro requisito legal.

É possível entendermos que o documentário que presta homenagem a um comediante brasileiro serve para fins de crítica, estudo ou polêmica? Certamente. "Estudo" precisa necessariamente ser interpretado de maneira ampla. Se livros de ficção podem se valer do direito de citação porque estariam abrangidos pelo fim de estudo, crítica ou polêmica (*lato sensu*), então obras de ficção feitas com recursos audiovisuais também devem gozar da mesma prerrogativa. Se isso é verdade (e sendo verdade para os livros não há por que não o ser para o cinema), então

---

[8] Ver, entre outros, Prose (2008).

com mais razão ainda devem estar protegidos os documentários,[9] que mais evidentemente cumprem os propósitos descritos na lei de a citação se prestar a estudo, crítica ou polêmica.

Naturalmente, a LDA não pretende com o termo "estudo" criar um sinônimo para fins didáticos. Monografias, dissertações e teses estão repletas de citações de todos os gêneros porque são o resultado de um determinado objeto de "estudo" por parte do autor. Não significa que tais obras, independentemente do propósito que tenha motivado seus autores em sua elaboração, tenham ou não um fim didático. Tais obras podem nem mesmo vir a ser publicadas. Ainda assim, a citação de obras alheias é legítima.

O livro *Morangos mofados*, do escritor gaúcho Caio Fernando Abreu, não pode ser considerado uma obra acadêmica. Trata-se de um livro de contos, dividido em três partes ("O mofo", "Os morangos" e "Morangos mofados"). Ao todo, o livro é composto por 18 contos. Ao longo de todo o livro, o autor faz diversas citações a obras alheias. Há epígrafes de Clarice Lispector, Osman Lins, García Lorca, Henrique do Valle, Fernando Pessoa, Cecília Meireles, Caetano Veloso e Walt Whitman, entre outros. Além disso, cita, no conto "O dia em que Urano entrou em Escorpião", trecho atribuído a Ernest Becker, em sua obra *A negação da morte*.

Até onde temos conhecimento, essas citações jamais foram contestadas por seus autores ou por terceiros. O mesmo pode ser dito a respeito da obra de Jorge Luís Borges ou mesmo de Machado de Assis, pródigas em citações a obras alheias.

Tais exemplos demonstram que o direito de citação é incontestável dentro das obras literárias, desde que presentes os pressupostos legais.[10] Além disso, torna-se evidente que "estudo, crítica ou polêmica"

---

[9] Para Fernão Pessoa Ramos (2008), "documentário é uma narrativa com imagens-câmera que estabelece asserções sobre o mundo, na medida em que haja um espectador que receba essa narrativa como asserção sobre o mundo". Já para Sheila Curran Bernard (2008), "os documentários conduzem seus espectadores a novos mundos e experiências por meio da apresentação de informação factual sobre pessoas, lugares e acontecimentos reais, geralmente retratados por meio do uso de imagens reais e artefatos".

[10] Em 2008, foi julgado em primeira instância, na cidade do Rio de Janeiro, processo movido pela filha de João Guimarães Rosa, Vilma Guimarães Rosa, contra o pesquisador e advogado goiano Alaor Barbosa. A filha do ilustre escritor alega que Alaor Barbosa teria abusado do direito

é interpretado de maneira ampla, já que abrange indubitavelmente a produção literária de ficção e não apenas obras cujo fim é especificamente didático.

Admitindo-se, então, que obras audiovisuais tenham a finalidade de promover estudo, crítica e/ou polêmica, ainda que em sentido amplo, então o documentário que visa a homenagear o humorista brasileiro cumpre com o segundo requisito legal.

Adiante com a análise da lei, prevê-se que a citação deva ser feita na medida justificada ao fim que se pretende atingir. O que a lei tenta evitar com esse dispositivo é o abuso no aproveitamento de obras alheias. Não se quer permitir que, sob o pretexto de se exercer o direito legítimo de citação, um autor se valha de tantos e tão extensos trechos que acabaria por utilizar a obra citada quase que na íntegra ou de modo a (i) lhe reduzir o valor comercial ou (ii) se beneficiar economicamente às custas de citação de obra alheia.

Duas observações são, entretanto, necessárias. A primeira é que a previsão legal é imprecisa e cabe à doutrina e à jurisprudência definir seu conteúdo. "A medida justificada ao fim que se pretende atingir" é o equivalente, no inciso, aos "pequenos trechos" do inciso anterior. Apenas o caso concreto poderá apontar se o requisito legal está de fato sendo cumprido.

E se apenas o caso concreto tiver esse poder — o de definir, naquelas circunstâncias específicas, qual a "medida justificada para o fim que se pretende atingir" —, será possível defendermos que a obra alheia pode ser citada na íntegra, já que, ao contrário do inciso anterior, a lei não limita aqui a citação a "pequenos trechos".

---

de citação ao escrever a biografia *Sinfonia Minas Gerais — a vida e a literatura de João Guimarães Rosa*. Segundo a autora do processo judicial, Alaor Barbosa fez mais de 100 citações à obra *Relembramentos*, escrita por Vilma Guimarães Rosa. A decisão de primeiro grau julgou procedente o pedido e mandou recolher a biografia das livrarias (disponível em: <www.brasilquele.com.br/texto_ler.php?id=3999&secao=6>. Acesso em: 20 abr. 2008). As informações colhidas no web-site <www.conjur.com.br/2008-nov-30/mantida_decisao_recolhe_biografia_guimaraes_rosa>, com acesso em 12 de agosto de 2009, dão conta de que a 2ª Câmara Cível do Tribunal de Justiça do Rio de Janeiro confirmou a decisão que obrigou a LGE Editora a retirar do mercado o livro *Sinfonia de Minas Gerais — a vida e a literatura de João Guimarães Rosa*, de Alaor Barbosa. De acordo com a notícia, ainda cabe recurso.

Essa conclusão talvez pareça estranha à primeira vista, mas é de todo aceitável. A lei não proíbe a citação integral de obra, mas apenas afirma que a citação deve ser feita "na medida justificada para o fim que se pretende atingir". E se para se atingir determinado fim for necessário citar a obra na íntegra?

Claro que fica difícil justificar a citação integral ou quase integral de um longa-metragem dentro de outro ou mesmo de um curta-metragem dentro de um longa-metragem. Nesses casos, é sem dúvida legítimo ao titular da obra citada impedir o uso de sua obra por parte de terceiros. Mas o que dizer da citação de um poema curto dentro de um romance? Não haveria, neste caso, qualquer aproveitamento por parte do autor do romance. Ninguém deixaria de comprar um livro de poesia do autor citado apenas porque seu poema encontra-se em um romance. E certamente ninguém compraria um romance apenas por este contar uma poesia.

Existe ainda uma justificativa prática. Um poema curto pode ser obtido por diversos meios, inclusive por cópia manuscrita (aceita desde a edição do Código Civil brasileiro de 1916). Já o acesso a um filme, quer se trate de curta ou de longa-metragem, é sempre mais limitado.

Assim, bem se pode ver que a medida justificada na citação dependerá evidentemente das intenções do autor.[11]

À parte de tais considerações, parece-nos evidente que o uso de menos de dois minutos de material alheio em um filme de longa-metragem é o equivalente à cópia de pequenos trechos. Ainda que o longa-metragem tenha cerca de 60 minutos, o uso de dois minutos de material preexistente significa que o autor do Filme Novo está se valendo de 1/30 do material global de seu filme para citar obras de terceiros.

Ora, 1/30 é cerca de 3%. Não sendo a obra alheia citada na íntegra nesse caso (e não o foi), não nos parece haver qualquer argumento para se contestar a legitimidade do direito de citação.

---

[11] Interessante jurisprudência do Tribunal Constitucional alemão apreciou a questão relativa aos limites constitucionais do direito de citação. Tratava-se, no caso, de obra de Henrich Müller em que o autor usava, como meio de expressão, extensos trechos de Bertold Brecht. Denis Borges Barbosa (2003:100-101), citando Markus Schneider, conclui que "há um interesse constitucionalmente protegido no direito de citação, não obstante a extensão dessas, desde que as citações se integrem numa expressão artística, nova e autônoma".

Finalmente, o requisito mais facilmente verificável: exige a lei que o autor da obra nova indique o autor e a obra objetos de citação. No caso em análise, é evidente que tais indicações seriam apresentadas na obra final, como, aliás, costuma acontecer. Não havendo indicação da autoria original e da obra citada, há violação dos direitos morais da obra original e risco de se configurar plágio. E essa indicação, a rigor, só pode ser feita uma vez que esteja a obra nova, que cita obra anterior, pronta e publicada.

Tornou-se célebre a decisão do Supremo Tribunal Federal em que se analisou se fora legítima ou não a citação, por parte de uma emissora de televisão, de programas de emissora concorrente, com o fim de crítica para premiação. A decisão do STF, cuja ementa transcrevemos abaixo, é bastante interessante:[12]

DIREITO AUTORAL. Fixação, em "videocassete" e, depois, em "videoteipe", por uma empresa de televisão, de programas de outra, para posterior utilização de pequenos trechos dessa fixação a título de ilustração em programa de crítica para premiação. Falta de pré-questionamento da questão concernente à necessidade da autorização da emissora quanto à fixação de seu programa por outra. Tendo em vista a natureza do direito de autor, a interpretação extensiva da exceção em que se traduz o direito de citação e admitida pela doutrina. Essa admissão tanto mais se justifica quanto é certo que o inciso III do artigo 49 da Lei nº 5988/73[13] é reprodução quase literal do inciso V do artigo 666 do Código Civil,[14] redigido este numa época em que não havia organismos de radiodifusão, e que, na atualidade, não tem sentido que o que é lícito, em matéria de citação para a imprensa escrita, não o seja para a falada ou televisionada. A mesma justificativa que existe para o direito de citação na obra (informativa

---

[12] RE 113505 / RJ – RIO DE JANEIRO. Relator(a): Min. Moreira Alves. Julgamento: 28/02/1989. Disponível em: <www.stf.jus.br/portal/jurisprudencia/listarJurisprudencia.asp?s1=direito++e+autoral&pagina=2&base=baseAcordaos>. Acesso em: 20 abr. 2009.

[13] A Lei nº 5.988/73 foi a lei de direitos autorais brasileira que vigorou entre 1973 e 1998, quando foi aprovada a Lei nº 9.610/98, atualmente em vigor.

[14] Referido artigo previa que não se considerava ofensa aos direitos de autor a citação em livros, jornais ou revistas de passagens de qualquer obra com intuito de crítica ou polêmica.

ou crítica) publicada em jornais ou revistas de feição gráfica se aplica, evidentemente, aos programas informativos, ilustrativos ou críticos do rádio e da televisão. Recurso extraordinário não conhecido.

Bem se vê, portanto, que mesmo sob a égide da lei de direitos autorais brasileira de 1973, o STF entendeu que o direito de citação que se aplicava à imprensa escrita deveria valer também para os demais tipos de mídia.

Interessante observarmos que a lei de 1973 continha dispositivo semelhante à LDA, mas sensivelmente mais restritivo, já que afirmava tão somente que não constituía ofensa aos direitos autorais a citação, em livros, jornais ou revistas, de passagens de qualquer obras, para fins de estudo, crítica ou polêmica. A lei então *não mencionava* "ou qualquer outro meio de comunicação", como faz a lei atual. Se ainda assim, para o STF, o direito de citação já era evidente — numa interpretação extensiva da lei — que dizer hoje em dia, em que a interpretação extensiva é dispensável por ser o artigo atual ainda mais abrangente?

Resta a pergunta: seria necessário, então, haver autorização prévia e expressa dos titulares dos direitos autorais das obras audiovisuais pre-existentes para o uso de menos de dois minutos das referidas obras em um documentário?

Pela análise do dispositivo legal (art. 46, III, da LDA), parece-nos evidente que não. A LDA garante o direito de citação e a exigência de prévia e expressa autorização configura, neste caso, abuso de direito.[15]

É possível que alguém queira admitir que a LDA deva ser interpretada restritivamente quando menciona que a citação deve ser feita com fim de "estudo, crítica ou polêmica", de modo que um filme que não tivesse finalidade estritamente nesse sentido não poderia se valer do direito de citação.

Já vimos que essa interpretação parece inadmissível (i) em razão do farto uso por parte da literatura de ficção de trechos de outros autores e

---

[15] Prevê o art. 187 do Código Civil brasileiro que também comete ato ilícito o titular de um direito que, ao exercê-lo, excede manifestamente os limites impostos pelo seu fim econômico ou social, pela boa-fé ou pelos bons costumes.

(ii) porque o próprio STF decidiu, quando o texto da lei de direitos autorais ainda era mais restritivo, que a interpretação do direito de citação deve ser extensiva.

De qualquer forma, vale a pena mencionarmos o art. 46, VIII, da LDA, cuja análise também pode nos trazer luzes à compreensão da matéria.

Estipula o art. 46, VIII, que não constitui ofensa aos direitos autorais a reprodução, em quaisquer obras, de pequenos trechos de obras preexistentes, de qualquer natureza, ou de obra integral, quando de artes plásticas, sempre que a reprodução em si não seja o objetivo principal da obra nova e que não prejudique a exploração normal da obra reproduzida, nem cause um prejuízo injustificado aos legítimos interesses dos autores.

A interpretação do inciso também nos leva a admitir alguns requisitos para sua aplicação. São eles:

- possibilidade de reprodução de qualquer tipo de obra preexistente;
- desde que a reprodução se restrinja a pequenos trechos (ou à obra integral, sendo de artes plásticas);
- não sendo a reprodução em si o objetivo que pretende alcançar a obra nova;
- desde que não prejudique a exploração normal da obra reproduzida;
- nem venha a causar prejuízo injustificável aos interesses dos autores da obra reproduzida.

Ao comentar o dispositivo legal transcrito, Eliane Abrão (2002:151-152) aponta sua origem na Convenção de Berna, de que o Brasil é signatário, ao afirmar:

> Ao que parece, a introdução do novo dispositivo é fruto de lamentável confusão no atendimento nacional às normas internacionais recomendadas no trato geral da matéria. Expliquemos. Em Berna, está previsto o chamado *fair use*, o uso livre, a demonstrar que, como todo direito, o direito de autor também tem limites.[16]

---

[16] É a seguinte a disposição do art. 9º da Convenção, em sua revisão de 1971: "Fica reservado às legislações dos países da União a faculdade de permitir a reprodução de tais obras [obras lite-

[...]

Todo o chamado uso livre de obra protegida, por princípio e recomendações internacionais, deve atender a essas condicionantes (a chamada "regra dos três passos"), a saber: a) que a reprodução em si não seja o objetivo principal da obra nova, isto é, que a reprodução parcial ou total, conforme o tipo de obra, sirva apenas como referência ou exemplo, e não constitua a razão de ser da obra nova; b) que a reprodução em si não prejudique a exploração normal da obra reproduzida, isto é, se alguém desejar comprar um livro sobre Picasso, por exemplo, não deixe de comprá-lo para adquirir o de um crítico que reproduz inúmeras telas do pintor, amparado nessa exceção de ausência de prévia autorização e ensejando uma espécie de desvio de clientela; c) que não cause, a obra nova, prejuízo injustificado aos autores, o que pode, como exemplo, significar a hipótese em que o autor sobreviva regularmente de pequenos licenciamentos de suas obras, o que deverá ser comprovado, e não simplesmente alegado, pelos meios admitidos em direito.

Apesar de não concordarmos com algumas das considerações da referida autora, entendemos que tem razão ao afirmar, em conclusão à sua análise do inciso VIII, que:

A norma do inciso VIII, portanto, está fadada à aplicação apenas parcial: pequenos trechos de obras preexistentes podem ser livremente utilizados, como parte de obra cuja finalidade é diferente da parcialmente reproduzida. Entretanto, se o autor ou titular entender prejudicial aos seus legítimos interesses terá que prová-lo (o uso de pequenos trechos dificilmente prejudica a exploração normal da obra). Se procedente seu pleito, há de lhe ser paga alguma remuneração, mas não a título de perdas e danos, porque o uso se deu com o permissivo do inciso VIII do art. 46, da Lei nº 9.610/98.

---

rárias e artísticas protegidas pela Convenção de Berna] em determinados casos especiais, de tal modo que essa reprodução não atente contra a exploração normal da obra, nem cause prejuízo injustificado aos legítimos interesses do autor".

Entendemos que, diante dos termos da lei, conforme encontra-se na redação do art. 46, VIII, o uso dos trechos dos Filmes Antigos no Filme Novo é absolutamente legítimo, pois cumpre todos os requisitos legalmente impostos. Afinal, na análise dos requisitos legais, temos que não constitui ofensa aos direitos autorais (i) a reprodução, em quaisquer obras [portanto, pode ser obra audiovisual], (ii) de pequenos trechos de obras preexistentes [tratava-se de pequenos trechos de filmes antigos], (iii) sempre que a reprodução em si não seja o objetivo principal da obra nova [o objetivo principal do documentário evidentemente não era reproduzir os filmes antigos], (iv) e que não prejudique a exploração normal da obra reproduzida [não nos parece possível haver prejuízo à exploração de obra fora de circulação comercial], (v) nem cause um prejuízo injustificado aos legítimos interesses dos autores [naturalmente, não há prejuízo aos interesses dos titulares de direitos autorais dos filmes antigos cujos pequenos trechos se pretendia reproduzir, estando os filmes fora de circulação comercial].

Além disso, no caso em análise é possível afirmar que o uso dos Filmes Antigos, por parte do Filme Novo, não só não acarreta qualquer prejuízo àqueles, como é até mesmo possível especular que o Filme Novo possa despertar o interesse da geração atual pelos Filmes Antigos. Nesse sentido, não há um aproveitamento econômico injustificado pelos titulares dos direitos autorais do Filme Novo.

Mais uma vez, parece-nos que a LDA autoriza o uso de obra pre-existente em obra nova, conforme indicado no exemplo que vimos analisando. Ainda assim, na prática houve o pedido prévio para utilização dos pequenos trechos dos filmes, bem como o pagamento por sua utilização, mesmo sendo a lei clara em sentido contrário. Por quê?

O mercado convencionou a necessidade de pagamento pelo uso de obra alheia, ainda que se trate de pequenos trechos e ainda que esteja em jogo o direito de citação. A provável justificativa é que dentro da "exploração normal da obra reproduzida" encontra-se o direito de licenciá-la. Essa interpretação é inadmissível, à luz dos argumentos expostos.

Só é possível entender o dispositivo legal (art. 46, VIII) com uma de duas possíveis interpretações. Ou a "exploração normal da obra reproduzida" compreende o direito que tem o autor de licenciá-la (opondo-se a seu uso sem o correspondente pagamento), ou não. Se entendermos que o dispositivo compreende esse direito, então o dispositivo legal é inútil. Afinal, se a "exploração normal da obra reproduzida" sempre abrange o direito de seu titular exigir prévia e expressa autorização para seu uso (e/ou pagamento correspondente), então toda e qualquer obra protegida por direito autoral encontra-se protegida nos termos do inciso, e ele não serve para nada.

Por isso, defendemos que o art. 46, VIII, deverá ser analisado casuisticamente. Se — e somente quando — a reprodução por parte da obra nova prejudicar de fato a exploração normal da obra preexistente, então não poderá haver a reprodução. Por isso, não há como o dispositivo ser interpretado de outro jeito se não o de que "exploração normal da obra reproduzida" *não* compreende, *a priori* e *in abstracto*, o direito que tem o autor de licenciá-la.

Além disso, independentemente do disposto no art. 46, VIII, ainda resta assegurado ao autor da obra nova o direito de citação previsto nos termos do art. 46, III.

A prática de exigir autorização prévia para citação de obra alheia não nos parece apenas abusiva, como ainda é ela substancialmente muito ruim. Primeiro, porque — como visto — ela cria uma obrigação que não se encontra na lei. Depois, porque cria insegurança jurídica: são inúmeras as situações em que os autores não sabem afinal em que medida podem ou não citar obras de terceiros, ou inserir trechos de obras alheias em suas próprias obras. Como consequência direta, há um evidente empobrecimento das possibilidades de desenvolvimento da cultura em nosso país.

Infelizmente, tal questão é pouquíssimo discutida. Esperamos, entretanto, que as práticas de mercado não nos levem ao cenário calamitoso dos Estados Unidos, onde há verdadeira indústria vivendo do abuso de direito da cobrança de licenças indevidas. Alguns exemplos são citados a seguir.

A experiência americana

Lawrence Lessig (2004:95-99) aponta um caso interessante ocorrido nos Estados Unidos que demonstra com razoável clareza os problemas que a prática acarreta no uso de obras alheias em obras novas, de titularidade diversa.

Em 1990, o documentarista Jon Else estava em São Francisco trabalhando em um documentário sobre as óperas de Wagner. Durante uma das apresentações, enquanto filmava o trabalho das pessoas na coxia do teatro, no canto dos bastidores, um aparelho de televisão mostrava, enquanto a ópera seguia seu curso, um episódio de *Os Simpsons*. Else entendeu que a inclusão do desenho animado daria um sabor especial à cena.

Uma vez concluído o filme, em razão dos quatro segundos e meio em que o desenho aparecia em sua obra, o diretor procurou os titulares dos direitos autorais, uma vez que o seriado *Os Simpsons* é uma obra protegida por direitos autorais, e alguém havia de ser seu titular.

Inicialmente, Else procurou Matt Groening, criador do desenho animado, que imediatamente aprovou seu uso no documentário, já que se tratavam apenas de quatro segundo e meio, o que não poderia causar qualquer dano econômico à exploração comercial da própria obra. No entanto, Groening disse a Else que também procurasse a Gracie Films, empresa que produzia o programa.

Uma vez contatada, os responsáveis pela área de licenciamento na Gracie Films manifestaram-se favoráveis ao uso de *Os Simpsons*, mas assim como Groening, queriam ser cautelosos e disseram a Else que consultasse também a Fox, empresa controladora da Gracie Films.

Assim foi feito. Else procurou a Fox e ficou surpreso com dois fatos: primeiro, que Matt Groening não era o verdadeiro titular dos direitos autorais da própria obra (ou assim a Fox entendia) e, segundo, que a Fox queria dez mil dólares para autorizar o uso dos quatro segundos e meio em que o seriado aparecia, numa televisão no canto dos bastidores de um teatro.

Uma vez que Else não tinha dinheiro suficiente para pagar pelo licenciamento, antes de o documentário ser lançado, o diretor decidiu substituir digitalmente o programa de *Os Simpsons*, que aparecia na televisão, pelo trecho de outro filme, que ele próprio havia dirigido, 10 anos antes.

Diante desse exemplo, é possível constatar que também nos Estados Unidos, cujo sistema de direitos autorais é diverso do nosso, há incertezas acerca do uso de obras alheias em obras novas.

De fato, o sistema de direitos autorais nos Estados Unidos se distingue do sistema brasileiro. O Brasil se filia ao sistema continental de direitos autorais, enquanto os Estados Unidos adotam o sistema de *copyright*. O sistema continental se diferencia do outro sistema porque

> [o] *common law* manteve-se dentro da visão dos privilégios de impressão; não foi basicamente afetado pela Revolução Francesa. Isso conduziu a uma certa materialização do direito de autor. A base do direito era a obra copiável; a faculdade paradigmática era a da reprodução (*copyright*). O *copyright* se assenta assim principalmente na realização de cópias, de maneira que a utilidade econômica da cópia passa a ser mais relevante do que a criatividade da obra a ser copiada.[17]

Assim é que o centro do sistema de *copyright* é a cópia da obra; já no sistema continental, o centro é o autor.

O que nos importa para a presente discussão é, na verdade, entender como os sistemas autorizam o uso de obras alheias, independentemente de autorização por parte do titular dos direitos autorais sobre a obra. Pelo sistema de *copyright*, a autorização se dá por meio de cláusula genérica, conhecida como *fair use*, ou uso justo, enquanto que no sistema de direitos autorais (que é o caso do Brasil), a autorização se dá por meio de permissões expressas em lei.[18]

Observa-se que o sistema norte-americano de previsão do *fair use* em muito se diferencia do sistema europeu (a que o sistema brasileiro se filia). No primeiro, são estabelecidos critérios segundo os quais, de acordo com o uso concreto da obra alheia, julga-se se tal uso viola ou não direitos autorais. Já no sistema europeu, as limitações são previstas em lista de condutas que a doutrina entende ser absoluta. Ou seja, caso a conduta de quem usa a obra alheia não esteja de acordo com as per-

---

[17] Ascensão, 2004.

[18] Algumas dessas permissões foram examinadas no item anterior.

missões expressamente previstas em lei, o uso da obra alheia não será admitido.

José de Oliveira Ascensão (2002:98) aponta as principais distinções entre o sistema norte-americano e o europeu ao dizer que:

> O sistema norte-americano é maleável, enquanto o sistema europeu é preciso. Mas, visto pela negativa, o sistema norte-americano é impreciso, enquanto o sistema europeu é rígido. O sistema norte-americano não dá segurança prévia sobre o que pode ou não ser considerado *fair use*. O sistema europeu, pelo contrário, mostra falta de capacidade de adaptação. Mas, sopesando méritos e deméritos, permitimo-nos concluir pela superioridade do sistema norte-americano. Além de não ser contraditório como o europeu, mantém a capacidade de adaptação a novas circunstâncias, em tempo de tão rápida evolução. Pelo contrário, os sistemas europeus tornaram-se organismos mortos. Os Estados perderam a capacidade de criar novos limites, e com isso de se adaptar aos desafios emergentes; já dissemos que os limites são constitutivos do conteúdo dos direitos.

É evidente que o caso do uso de trecho de *Os Simpsons* se trata de *fair use*, opinião que é, inclusive, endossada por Lawrence Lessig. O autor apresenta, entretanto, os argumentos de que Else se valeu para não confiar na possibilidade de usar o trecho de *Os Simpsons* sem autorização e que citamos, entre outros:

(i) antes de o filme (no caso, o documentário) ser televisionado, a emissora requer uma lista de todas as obras protegidas por direitos autorais que sejam citadas no filme e faz uma análise muito conservadora do que pode ser considerado *fair use*;

(ii) a Fox teria um histórico de impedir uso não autorizado de *Os Simpsons*;

(iii) independentemente dos méritos do uso que se faria do desenho animado, haveria a possibilidade de a Fox propor ação pelo uso não autorizado da obra.

Lessig arremata explicando que, na teoria, *fair use* significa possibilidade de uso sem permissão do titular. A teoria, assim, ajuda a liberdade de expressão e protege contra a cultura da necessidade de permissão. Mas na prática o *fair use* funciona de maneira bem distinta. Os contornos embaçados da lei resultam em poucas possibilidades reais de se arguir *fair use*. Desse modo, a lei teria um objetivo correto, mas que não seria alcançado na prática.[19]

Observa-se, por esse exemplo, que embora o instituto do *fair use* se preste a amoldar-se a inovações tecnológicas com mais facilidade e êxito do que o sistema continental europeu, ele não é capaz, entretanto, de na prática resolver algumas questões simples, em razão da fluidez de seus contornos.

Há inúmeros outros exemplos de problemas envolvendo o uso de obras alheias em obra cinematográfica. É também Lawrence Lessig (2001) quem assim informa: o filme *Os doze macacos* teve sua exibição interrompida por decisão judicial 28 dias depois de seu lançamento, porque um artista alegava que uma cadeira que aparecia no filme lembrava um esboço de mobília que ele havia desenhado. O filme *Batman forever* foi ameaçado judicialmente porque o batmóvel era visto em um pátio alegadamente protegido por direitos autorais, e o arquiteto titular dos direitos exigia ser remunerado antes do lançamento do filme. Em 1998, um juiz suspendeu o lançamento de *O advogado do diabo* por dois dias porque um escultor alegava que um trabalho seu aparecia no fundo de determinada cena. Tais eventos ensinaram os advogados que eles precisavam controlar os cineastas. Eles convenceram os estúdios de que o controle criativo é, em última instância, matéria legal.

É evidente que o excesso de zelo com os direitos autorais pode se voltar também contra a indústria, e criar a necessidade de se estruturar um verdadeiro emaranhado de licenças e autorizações quando da realização de um filme, por exemplo. Nesse sentido, Lawrence Lessig, diante de tantas imposições da indústria cinematográfica norte-americana com relação ao *clearing*[20] de direitos autorais na produção de um filme,

---

[19] Os trechos acima são a tradução livre das conclusões de Lessig (2004:99).
[20] Denomina-se *clearing* o ato de se obterem todas as licenças necessárias ao uso de obras de terceiros que apareçam no filme, ainda que incidentalmente, de modo a evitar possíveis transtornos durante a exibição da obra.

afirma que um jovem cineasta estaria livre para realizar um filme desde que em uma sala vazia, com dois de seus amigos.[21]

Mais recentemente, ficou célebre o caso do filme *Tarnation* (*Tormenta*, em português, dirigido por Jonathan Caouette em 2003). Quando completou 30 anos, o diretor do filme decidiu recolher o material que havia gravado ao longo de 20 anos de sua vida e com ele fazer um documentário autobiográfico.

O problema é que no material coletado havia diversas inserções incidentais de músicas que tocavam no rádio enquanto filmava sua mãe ou trechos de programas de televisão a que estava assistindo enquanto filmava a si mesmo. O resultado é que seu filme, que para ser produzido, custou cerca de 218 dólares, teve um custo adicional de "centenas de milhares"[22] de dólares para arcar com a liberação de direitos sobre músicas, filmes e programas de televisão que apareciam incidentalmente no filme.

Não é só a indústria profissional que se vê atualmente ameaçada, mas também a sociedade. Com o barateamento dos meios de produção cultural, a produção de filmes caseiros tomou proporções gigantescas — algo impensável alguns anos atrás.

Nesse sentido, é também Lawrence Lessig (2008:1-4) que conta, na introdução de seu livro *Remix*, o caso de Stephanie Lenz, que gravou seu filho de um ano e meio de idade dançando ao som da música *Let's go crazy*, que tocava no rádio de sua casa. Após compartilhar o vídeo no Youtube, acabou sendo notificada pela Universal Music Group, titular dos direitos autorais da música. Segundo a notificação da Universal, Stephanie estava correndo o risco de pagar uma multa de US$ 150 mil por compartilhar um vídeo que continha a música objeto de proteção por direitos autorais.

---

[21] No original, lê-se que: "*I would say to an 18-year-old artist, you're totally free to do whatever you want. But — and then I would give him a long list of all the things that he couldn't include in his movie because they would not be cleared, legally cleared. That he would have to pay for them. [So freedom? Here's the freedom]: You're totally free to make a movie in an empty room, with your two friends*" (Lessig, 2001:5).

[22] Disponível em: <http://rogerebert.suntimes.com/apps/pbcs.dll/article?AID=/20041014/REVIEWS/40921006/1023>. Acesso em: 13 out. 2008.

Como se pode facilmente perceber, apesar da aparente maleabilidade do sistema norte-americano de *copyright*, os princípios abertos da lei norte-americana não proporcionam, na prática, resultado mais satisfatórios do que a lei brasileira.

Conclusão: a incerteza como princípio

A LDA pode ser criticada por diversos motivos. Podemos alegar que se trata de lei excessivamente restritiva, que não permite diversos usos legítimos de obras alheias (como para fins didáticos, de conservação ou mesmo de cópia privada, quando a obra encontra-se fora de circulação comercial), que está ultrapassada e não é capaz de lidar minimamente com a sociedade digital em que vivemos. No entanto, em um dos únicos aspectos da LDA que merecem nossos aplausos por permitir a livre circulação das obras e a liberdade de expressão (o art. 46, incisos III e VIII), a lei vem sendo interpretada pelo mercado audiovisual de maneira abusiva.

Agrava-se o fato pelo motivo de juízes, de modo geral, não terem jamais estudado direitos autorais, uma vez que essa matéria raramente é ministrada nas faculdades de direito, o que é uma lacuna inaceitável nos dias atuais. Por isso, a simples ameaça de um processo judicial parece ser temerária e imprevisível para as partes envolvidas. Assim, tanto por desconhecimento da lei quanto pela incerteza dos resultados, as lides tem sido evitadas. Como consequência da incerteza, o mercado instaurou mecanismo abusivo e francamente desfavorável à criação intelectual.

Naturalmente, o que se defende aqui é o uso consciencioso das obras intelectuais, dentro dos parâmetros estabelecidos pela lei, sem que esse comportamento sirva para acobertar usos parasitários ou o locupletamento econômico às custas de terceiros.

A LDA não distingue gêneros ao tratar de direito de citação ou de direito de utilização de pequenos trechos de obras preexistentes em obras novas. A regra vale para textos (amplamente aceita pelo mercado) e deve igualmente valer para obras musicais, audiovisuais ou qualquer outra.

Nos Estados Unidos, formou-se um mercado que vive da exploração abusiva de cobranças por licenças de uso abrangido pelo *fair use*. De toda forma, como os princípios do *copyright* são mais genéricos do que os previstos em nossa legislação, não é admissível que, ao apontar condutas específicas, nossa LDA resulte em uma prática tão imprecisa quanto a da legislação norte-americana.

Quando iniciamos este breve trabalho, especulamos acerca de um caso verídico sobre se seria possível cobrar pelo uso, em um filme novo, de breves trechos de filmes antigos. Foi assim que propusemos três questões que agora retomamos.

(i) A cobrança pelo uso dos trechos dos Filmes Antigos é de fato devida?

(ii) Caso seja considerada devida, qual o valor justo a ser cobrado?

(iii) Não sendo devida — ou seja, podendo o autor da obra nova se valer de obras preexistentes independentemente de autorização — em que extensão podem as obras preexistentes ser usadas?

Pelos motivos expostos ao longo do texto, entendemos que a cobrança é indevida simplesmente porque a LDA instituiu o direito de citação sem se restringir a obras literárias e, além disso, criou a possibilidade de uso de pequenos trechos de obras preexistentes de qualquer natureza, desde que observados os requisitos constantes no art. 46, VIII, da LDA.

Por isso, acreditamos que não só a cobrança é indevida, como até mesmo a autorização de uso é dispensável. Uma vez cumpridos os requisitos legais, estamos diante de uma limitação ao direito autoral igual em tudo à limitação que vem permitindo — há décadas e sem contestação — a citação em obras literárias. Resta ainda esclarecermos a extensão em que a obra preexistente pode ser usada na obra nova sem que esse uso caracterize violação dos ditames legais.

Nesse passo, a LDA foi imprecisa, valendo-se de conceitos abertos como "passagens de qualquer obra", "medida justificada" (art. 46, III) e "pequenos trechos" (art. 46, VIII). Por isso, apenas o caso a caso poderá identificar quando a citação ou o uso da obra preexistente está em conformidade com a previsão constante da LDA. Como frequentemente ocorre com os conceitos abertos, o conteúdo somente será preenchido pelas circunstâncias do caso concreto.

De toda forma, é preciso que o mercado tome consciência de suas possibilidades legais, que repudie a cobrança indevida pelo uso legítimo de obras alheias, que o Judiciário se dedique mais a questões de propriedade intelectual e que cada vez mais possamos criar obras novas sem termos a incerteza como princípio.

Referências

ABRÃO, Eliane Y. *Direitos de autor e direitos conexos*. São Paulo: Editora do Brasil, 2002.

ASCENSÃO, José de Oliveira. O *fair use* no direito autoral. In: _____. *A inserção da propriedade intelectual no mundo econômico*. Rio de Janeiro: ABPI, 2002. p. 94-101.

_____. Direito do autor e desenvolvimento tecnológico: controvérsias e estratégias. *Revista de Direito Autoral*, Rio de Janeiro, Lúmen Júris, ano I, n. I, ago. 2004.

BARBOSA, Denis Borges. *Uma introdução à propriedade intelectual*. Rio de Janeiro: Lúmen Júris, 2003.

BERNARD, Sheila Curran. *Documentário* — técnicas para uma produção de alto impacto. Rio de Janeiro: Elsevier, 2008.

LANDES, William M.; POSNER, Richard A. *The economic structure of Intellectual Property Law*. Cambridge, MA: Harvard University Press, 2003.

LESSIG, Lawrence. *The future of ideas*. New York: Random House, 2001.

_____. *Free culture* — How big media uses technology and the law to lock down culture and control creativity. New York: The Penguin Press, 2004.

_____. *Remix*. New York: The Penguin Press, 2008.

PROSE, Francine. *Para ler como um escritor* — um guia para quem gosta de livros e para quem quer escrevê-los. Rio de Janeiro: Jorge Zahar Editor, 2008.

RAMOS, Fernão Pessoa. *Mas afinal... o que é mesmo um documentário?* São Paulo: Senac, 2008.

ROSE, Mark. *Authors and owners*. The invention of copyright. New York: Harvard University Press, 1993.

A indústria cinematográfica nigeriana*

*Charles Igwe***

Dados comparativos apresentados pelo autor para a palestra

Número de filmes produzidos em 2005:
EUA — 611
Índia — 934
Nigéria — mais de 1.200

(Fonte: *Cahiers du Cinema*, Atlas do Cinema, 2005)

Boa noite a todos. Meu nome é Charles e acreditem em mim quando eu digo que vim de muito longe. Eu não sou a pessoa que originalmente deveria estar aqui. Amaka é quem inicialmente estava escalada. Amaka é minha esposa e é a artista criativa nesse grupo. Ela é escritora e diretora de alto padrão na Nigéria, provavelmente uma das melhores. Tem sido uma pioneira na indústria. A minha atividade tem sido mais ligada à captação de recursos, e eu também sou um pioneiro nessa indús-

---

* Esta é uma transcrição da apresentação feita por Charles Igwe no seminário The Rise of People's Cinema [A Emergência do Cinema do Povo]. O evento aconteceu no dia 11 de maio de 2006 e foi organizado pelo Centro de Tecnologia e Sociedade na Escola de Direito da Fundação Getulio Vargas, no Brasil, em parceria com o Link Centre da Universidade de Wits, na África do Sul. Foi realizado no marco do projeto Cultura Livre, apoiado pela Fundação Ford, que visa a discutir o papel da propriedade intelectual como um incentivo para a produção da cultura e seu desenvolvimento. Uma das conclusões provenientes das investigações do projeto é a de que os atuais parâmetros de proteção da propriedade intelectual são benéficos para certos tipos de negócio, como o do cinema de Hollywood, mas não para outros. A propriedade intelectual pode não representar um incentivo para outras formas de produção cultural, que são igualmente importantes em termos econômicos e de especial relevância para o mundo em desenvolvimento. A transcrição da palestra foi realizada por Roberta Zaluski e sua tradução por Arthur Protasio, Eduardo Magrani e Koichi Kameda.

** Um dos maiores produtores cinematográficos da Nigéria.

tria. Nós dois coordenamos o African Film and Television Programmes Market. Além disso, também gerencio alguns outros negócios e empresas relacionados à produção audiovisual. Somos donos de uma produtora na Nigéria e também de uma das maiores empresas de distribuição. Sou banqueiro por experiência e ofereço consultoria para empresas de serviços financeiros que querem investir dinheiro na indústria cinematográfica nigeriana.

Mais uma vez, estou muito feliz por estar aqui. Sinto-me honrado por estar presente em um fórum como esse, pois valorizo iniciativas como essa. Inicialmente há muita informação sobre o que está acontecendo e o que tem acontecido com os filmes na Nigéria, pelo que eu não vou me prender aos detalhes, mas irei apresentar uma visão geral da história que nos trouxe até aqui. A indústria cinematográfica nigeriana não foi uma indústria planejada. Nós não decidimos "em 10 anos vamos nos tornar a maior indústria cinematográfica". Não fizemos isso. Acho que simplesmente aproveitamos as oportunidades conforme elas apareceram.

O momento-chave foi em 1992, mas antes disso já havia muitos filmes sendo feitos na Nigéria. Fomos colonizados pelos ingleses e obviamente os interesses cinematográficos britânicos se estenderam até o país, e a maioria da nossa produção foi simplesmente para promover o Império Britânico. Como essa era a única mídia de massa na época, além do rádio, foi a mídia artificial que trouxe os filmes para o cenário nigeriano. Nos anos 1970, havia uma empresa americana localizada na Nigéria responsável pela distribuição dos filmes. Ela também coordenava os cinemas no país. Não eram poucos os cinemas, e a maioria do dinheiro voltava para Hollywood e servia aos outros interesses da empresa.

Mas alguns fatos específicos ocorreram entre 1970 e 1992, e nos preparam para o que atualmente acontece na Nigéria. Não foi uma mudança de um dia para o outro, e eu percebo que enquanto falo isso e ouço tudo o que me falaram, há muitas semelhanças entre nós e o Brasil. Na Nigéria, em 1957, foi estabelecido o primeiro serviço de televisão por estação de TV da África, localizada no oeste da Nigéria. Embora isso tenha ocorrido em 1957, antes disso os interesses britânicos pela Nigéria e pela África trouxeram seus filmes e sua expertise para o território nigeriano, permitindo que o público se familiarizasse com essa mídia. Em 1976, em resposta aos acontecimentos na África do Sul, o governo nigeriano adotou uma postura e decidiu nacionalizar todo capital estrangeiro que tivesse qualquer relação, direta ou indireta, com o movimento do apartheid. Como várias empresas estavam realizando negócios com a África do Sul na época, o governo determinou que elas interrompessem tais atividades e optassem entre permanecer na Nigéria, o que implicaria em sair da África do Sul, ou o contrário, permanecer na África do Sul e ter o seu capital nacionalizado na Nigéria. Algumas empresas optaram por continuar seus negócios com a África do Sul, então nacionalizamos algumas companhias como a British Petroleum, entre outras. A partir desse ponto, a empresa americana que operava na Nigéria coordenando a indústria cinematográfica optou por sair do país e acabar com o provimento de filmes norte-americanos. Isso resultou em uma estagnação absoluta, porque todo o equipamento dos cinemas era operado com rolos de 35 mm, e nós não conseguíamos nenhum outro equipamento. Não havia como fazer nenhum negócio.

Simultaneamente, nós fundamos a Autoridade Televisiva da Nigéria, responsável pela transmissão da TV nacional com uma perspectiva nigeriana. Uma vez instituída, a autoridade recebeu um mandato para desenvolver conteúdo nigeriano, e isso foi especialmente difícil na época, porque a única mídia para desenvolvimento eram os rolos de 35 mm, e nós não tínhamos experiência com essa tecnologia. Foi um desafio e tanto, mas nós começamos a fazer séries de TV nigerianas e outros programas similares. Ficamos bem populares entre os anos 1970 e meados dos anos 1980, porque tínhamos uma rica mistura de séries e novelas nigerianas para TV. Por volta de 1973, houve uma grave crise do petróleo, e sendo a Nigéria a quinta maior produtora de petróleo no mundo, esse aumento no preço nos trouxe bastante dinheiro. Havia muito dinheiro entrando no sistema, e quando isso aconteceu, a sociedade nigeriana migrou de produtora para consumidora, pois agora o poder aquisitivo estava ao alcance da população. Simultaneamente, em 1976, a tecnologia VHS surgiu e virou um símbolo de status. Ter um aparelho em casa era popular e bom para sua reputação na sociedade.

Por volta de 1979, a festa acabou. Tínhamos gastado praticamente todo o dinheiro que havíamos adquirido. A economia estava frágil e a moeda local tinha sido afetada, fazendo com que não pudéssemos mais adquirir produtos como antes. Com a retirada anterior dos Estados Unidos em relação ao cinema, nós ainda conseguíamos adquirir filmes chineses ou indianos nos pequenos cinemas, mas naquela época, com a desvalorização da moeda, os cinemas fecharam de vez.

Nesse meio-tempo, tínhamos muitos aparelhos VHS e o Fundo Monetário Internacional estava atuando diretamente, nos instruindo sobre como recuperar a economia com um programa de ajuste. O governo nigeriano foi instruído a não interferir no mercado e assim parou de financiar muitas agências, como ocorreu com a Autoridade Televisiva. Pediram que as agências começassem a comercializar seus negócios e procurassem financiamento para sua programação. Por causa disso, os investimentos na produção local foram reduzidos ou eliminados a fim de favorecer programações multinacionais.

Naturalmente, havia tantas multinacionais que todas elas produziam material para televisão, e após 1976 a produção passou a ser voltada para o vídeo VHS, em formato original estéreo. Muitas pessoas experientes da indústria televisiva produziam material para o vídeo.

Em 1991, apenas os melhores programas recebiam apoio. O restante passou a procurar por métodos alternativos. Poucos tinham coragem para se arriscar nesse ramo. Tudo isso culminou em 1992. Um amigo nosso, que era do ramo de eletrônicos, vendia aparelhos VHS. Ele vendia milhões e muitos dos consumidores compravam para depois perguntar o que eles podiam assistir em VHS. Embora no início olhássemos para o exterior procurando inspiração, nosso amigo passou a investigar os grupos locais de teatro, porque eles tinham uma tradição muito forte com a narrativa. O que ele fez foi pegar uma filmadora, gravar as encenações, colocar em uma fita de vídeo e dar para que seus clientes assistissem. Isso funcionou bem, mas internacionalmente outra coisa aconteceu em nosso favor.

Por volta de 1991, o CD (Compact Disc) foi inventado. Inicialmente, foi utilizado para música, e depois se tornou evidente que havia potencial para armazenar vídeo. Acho que o primeiro formato aprovado foi MPEG 1, que se tornou o vídeo CD, mas durou pouco até passarem a utilizar o MPEG 2 para o DVD. O DVD se tornou padrão na Europa e na América, mas MPEG 1 ainda era comum na Ásia. Os maiores produtores de VHS na Ásia — AG na Coreia e Maxwell no restante — começaram a vender para a Nigéria, porque não havia mais mercado nos Estados Unidos e na Europa. Em 1992, aquele nosso amigo que filmava as peças de teatro foi auxiliado por vários eventos. Ele conseguiu unir atores populares da TV, um diretor e escritor de séries de TV e o sr. Rapu[1] e desenvolveu um filme chamado *Living in Bondage*. O filme estava pronto, e eles estavam com muitas fitas de vídeo em branco que os fornecedores tinham dado para eles. Então, eles gravaram nessas fitas e começaram a vender. Em 30 dias eles tinham vendido 2 mil cópias. Foi um fenômeno e fez tanto sucesso que eles não sabiam o que fazer com o dinheiro. O diferencial desse filme é que ele era dinâmico e incitava a curiosidade. As pessoas queriam ver do que se tratava e perceberam que era uma história contada pelo nosso povo e para nosso povo. Esse era o ponto-chave.

Pouco depois uma sequência foi lançada e também fez um enorme sucesso. Todas as pessoas que tinham pilhas e pilhas de aparelhos VHS ficaram felizes. Fitas VHS em branco vendiam cerca de 10 a 20 cópias em uma semana, mas com um filme nigeriano nelas, as vendas subiam para centenas de milhares. Assim, investidores encontraram um incentivo na indústria cinematográfica nigeriana.

Isso criou uma indústria, porque uma vez iniciado o processo, distribuidores e vendedores acharam o seu lugar, formando uma gigantesca demanda. Quando *Living in Bondage* foi lançado havia cerca de 55 milhões de aparelhos de TV na Nigéria. Assim como o Brasil, a Nigéria é um país grande, sendo o país com maior número de negros no mundo, com uma população de 150 milhões de pessoas.

O aparelho VHS deu certo, tornou-se popular e a indústria passou a investir na TV e na fita de vídeo. Basicamente, fizemos uso dos recursos e oportunidades que estavam disponíveis para a formação e criação de uma indústria.

---

[1] Chris Obi Rapu nasceu em Enugo, na Nigéria. Desde criança esteve envolvido em programas de TV e rádio. Na escola teve contato com a cultura e língua dos Igbo, um dos maiores grupos étnicos africanos. Esse conhecimento foi essencial para sua futura produção cinematográfica na língua Igbo. Entre seus filmes mais conhecidos figura *Living in Bondage*, obra que impulsionou de maneira decisiva a cena do cinema nigeriano. Rapu é considerado o pai de Nollywood [nota do revisor].

Atualmente, não há dúvida de que os filmes nigerianos se expandiram além da indústria local. Há filmes nigerianos espalhados por todo o mundo. Eu estive em Hollywood no ano passado e estávamos conversando sobre por que as pessoas compram filmes nigerianos. Será uma questão de linguagem cultural ou análise comum? Eu não sei... Nós fazemos por volta de 2 mil novos filmes por ano. O Brasil faz apenas 51, mas o que isso quer dizer? Nós temos uma demanda gigantesca por um produto e tivemos que redefinir todo o trajeto, desde a concepção até a versão final. Isso demanda muito planejamento. Quando começamos, a tecnologia não estava a nosso favor, mas sabíamos que o importante era começar, independentemente do momento, e continuamente melhorar a qualidade da produção. Fomos do VHS para Super VHS, depois para Umatik, BetaCam, BetaCam Digital e por fim DVCam. Agora estamos migrando para HDV e, futuramente, para HDCam. Nós temos condições financeiras para comprar o equipamento. Podemos comprar qualquer coisa disponível, embora no início não tivéssemos condições.

E qual o valor da indústria local? Ano passado nós tivemos algumas pesquisas, e o valor apontado ficou em torno de 4 bilhões de dólares. Esse é o valor da indústria local. Esse número não inclui nossos negócios nos Estados Unidos, na Europa e no Ocidente, de forma geral.

É apenas uma empreitada nigeriana. Não estamos falando em impressões, publicações de revistas, músicas etc. É um negócio relacionado ao conceito do produto e ao conceito para o consumidor. A indústria tem se tornado o impulso para a indústria editorial, a indústria de turismo, entre outras.

Mas nem sempre foi fácil. Enfrentamos problemas e desafios diariamente. Alguns desses problemas têm a ver com a preocupação central, que é a distribuição. Eu acredito que todo filme seja comercial. Tudo o que envolve cinema e tem a ver com dinheiro precisa vir de algum lugar. Pode vir de você, do seu governo, do seu consumidor, mas precisa vir porque não importa o filme, seja ele um documentário ou um longa-metragem artístico, todos os participantes precisam ser pagos.

Então tivemos problemas com distribuições e ainda temos problemas porque a indústria é dinâmica. Nesse sentido, é necessário atender

A indústria cinematográfica nigeriana 113

às necessidades. Também temos problemas com a questão do formato, pois o VHS é um formato peculiar.

Mas o formato mudou da fita para o disco e isso alterou a questão como um todo. O material é significativamente diferente e não pode ser reutilizado. Passar esse conteúdo para o disco é um processo caro, e os distribuidores não gastavam dinheiro com as fitas que lhes eram dadas por grandes empresas. Dessa forma, tivemos que escolher nossos filmes e marketing muito melhor para apenas lidar com os sucessos antes de transferir para o disco. Uma vez lançado no mercado, é bom vendê-lo, porque se o produto retornar, a pessoa que o lançou pagará por ele.

Enquanto tudo isso acontecia, nós pensávamos que se alguém quisesse comprar uma TV ou aparelho VHS, iria na loja ver o produto antes de comprar. No caso dos filmes é diferente. A única coisa necessária é um título. Assim, a indústria cresceu e percebeu-se que os distribuidores não conseguiam acompanhar o ritmo. Basicamente, o sistema de distribuição da Nigéria passou a ficar sob muito estresse e foi necessário avaliar a qualidade das cópias em disco, o que tem muito a ver com a substituição do formato dos discos. Com relação ao financiamento, a indústria cresceu e seus números também, mas o financiamento precisa ser mais institucionalizado. Como não é possível patrocinar 30 filmes direto do bolso, tivemos que criar interfaces para conquistar mais financiamento de instituições.

Perguntas:

P: Como funciona o canal de distribuição? Como o produto chega do produtor até o vendedor ambulante?

R: A estrutura antiga dividiu o terreno nigeriano em quatro mercados principais. Lagos, que é a maior cidade da Nigéria, e Idimota, maior mercado em Lagos. Os filmes são lançados toda segunda-feira para os vendedores, que vêm de todos os cantos do país para recebê-los. No início lançávamos cinco filmes por semana, mas em 2003 chegamos a 60 filmes. Esses vendedores chegam, compram os filmes e voltam para seus locais de atuação. Assim surgiram várias lojas. Quando um filme é lançado, ele deve ser encaminhado à "autoridade televisiva", que passa o *trailer* do filme em escala nacional. Assim, todos teriam conhecimento do lançamento do filme. Atualmente temos mais de meio milhão de pontos de venda e estamos tentando conectar todos eles em uma rede nacional, para que possamos controlar como o produto chega do produtor ao usuário final.

P: Quem controla a base financeira?

R: Tudo referente à indústria cinematográfica é privado. O governo não tem o menor envolvimento com isso. Nós não recebemos um centavo sequer desde que começamos. O governo arrecada cerca de 30 a 40 milhões, mas nós é que temos que fazer a censura, classificação indicativa e outras coisas que exigem que paguemos quantias consideráveis ao governo. Se você encontrar as pessoas certas, e elas aceitarem seu produto, às vezes elas só pagam porque sabem o que você vai vender. Tudo está sujeito ao poder de negociação individual.

Em uma empresa como a minha, somos proprietários de tudo o que compõe o nosso sistema. De tudo o que produzimos, garantimos o recebimento de 60% a 70% da nossa receita. É claro, não estamos em todos os lugares, então há sempre espaço para outras pessoas se envolverem. É preciso manter o controle do que você está fazendo. Levam-se anos de investimento para chegar ao que eu estou falando agora. Em essência, há diferentes grupos de criação em diferentes áreas, e uma vez que o produto estiver bom, você terá a própria dimensão a respeito dele. No negócio de filmes, não é o distribuidor, mas o público que é responsável pelo grande sucesso de um filme. O que nós fizemos foi alcançar o público em primeiro lugar e fizemos então a ligação entre o público e o distribuidor. O distribuidor está agora satisfazendo a demanda que o público já tem. O público conhece o produto e o quer. Torna-se um desafio para o distribuidor alcançar o público, e não o contrário. O distribuidor tem que conhecer o produto e comunicá-lo ao público.

P: Charles, você disse que agora está passando para o próximo nível, quando terá que escolher os sucessos. Você acha que há perigo no tipo de consolidação em que talvez você alcance um estágio e um desafio similar ao de outros países, nos quais não é o público que deter-

A indústria cinematográfica nigeriana

mina o que quer ver, nos quais a propriedade e distribuição se tornam mais concentrados e se busca controlar todos aqueles quatro canais de distribuição? Você acha que há algum risco nisso?

R: O que eu quis dizer com escolher os sucessos é que logo quando nós começamos havia muita curiosidade. O público na Nigéria estava tão entusiasmado em ter uma produção local que perdoou várias coisas que estávamos fazendo, como a tecnologia que era ruim e algumas atuações que não eram boas. As histórias estavam lá, nós as estávamos contando e a princípio não sabíamos como lidar com isso, mas estávamos melhorando. Enquanto aquilo durou, cabia a nós melhorar ao ponto em que seríamos avaliados segundo o critério de outras pessoas, e poderíamos ser aprovados.

O que essencialmente aconteceu com a indústria nigeriana foi que avançamos muito rápido. Um dos filmes nigerianos que eu vou mostrar foi feito para consumo local, mas acabou viajando por todo o mundo. Agora nós temos que observar padrões internacionais. Precisamos ter som de qualidade, imagens de qualidade e habilidade técnica. É isso o que eu estava dizendo quanto a ter que escolher agora apenas os sucessos. Nosso desafio é treinar a capacitação, plataformas de tecnologia e tudo o que irá garantir que manteremos o mesmo nível de conversação por meio do qual fomos capazes de estimular o nosso público. Esse é o nosso verdadeiro desafio: colocar novamente os investimentos em coisas que nos permitirão ganhar competitividade, mesmo que o mundo inteiro tenha tomado conhecimento do que estamos fazendo aqui, porque queremos ficar por muito tempo. Não queremos simplesmente ir embora após termos começado algo. Portanto, para continuarmos aqui e continuarmos competitivos, temos que ter tudo no seu devido lugar.

Quando começamos, fomos direto ao negócio. Tínhamos uma enorme população e muito dinheiro para seguir com aquilo. Aqui está o desafio: iniciar a indústria. Isso virá do bolso dos indivíduos ou será de interesse do governo? Nós estamos negociando isso. O governo vem nos contatando. Ele quer saber o que tem que fazer com isso, e nós estamos dizendo no que deve investir. Em capacitação, por exemplo, porque nós precisamos ser capazes de sustentar tudo o que está acontecendo. Por exemplo, atualmente temos 191 canais de TV na Nigéria e até semana passada houve 250 pedidos de novos canais. A plataforma DH está chegando, e todos querem um canal nigeriano. Alguém tem que fornecer esse produto, que não será inteiramente para consumo nigeriano. Logo, se vamos começar a fazer frente ao consumo de outros países, precisamos observar os padrões com os quais eles se tornaram familiares. É onde fica o desafio. Assim estamos na verdade em transição para preparar o que seria nossa próxima fase de demanda por conteúdo.

P: Considerando tudo o que você aprendeu da indústria cinematográfica brasileira, você acha que é possível para o Brasil desenvolver a sua indústria cinematográfica local?

R: Eu acho que os dois países compartilham várias coisas em comum. O Brasil tem uma mistura cultural diversificada, assim como a Nigéria. Nós temos 250 grupos étnicos com diferentes línguas. O Brasil é uma sociedade multicultural com uma enorme população, 180 milhões de pessoas. Nós temos 150 milhões. O Brasil tem uma grande penetração de VHS, aparelhos de *playback* para discos e aparelhos de TV, então tudo isso se conjuga. Vocês têm tudo o que precisam.

Eu vejo que há pessoas de Hollywood dizendo que se você quer fazer filmes tem que ter 4 milhões de dólares, e isso traz um problema de custo. Fazemos filmes na Nigéria, bons filmes, por algo entre 10 mil e 100 mil dólares. Esse é o orçamento para o filme, mas compreendemos que fazê-lo não diz respeito a quanto dinheiro você gasta, o importante é a história! O que você está dizendo? O que você está querendo comunicar?

A questão aqui é que você realmente não precisa esperar até atingir os padrões de Hollywood, porque Hollywood não está interessada em você! 99% dos filmes vistos nos Estados Unidos são filmes americanos, eles não têm espaço para qualquer filme estrangeiro, então por que você está fazendo filme para eles?! Alguém mencionou aqui que o Valenti, da Motion Picture Association of América (MPAA), disse que eles tinham 90% do mercado mundial e estavam procurando atingir os outros 10%. Acho que essa é a afirmativa mais pretensiosa que já ouvi! Há 2,16 milhões de americanos, nós temos 1,5 milhão de nigerianos e estamos ligados à África, porque os filmes preferidos na África são os nigerianos. Todo canal de TV na costa oeste quer os filmes nigerianos, do sudeste africano à África do Sul, Namíbia, Zimbábue, eles estão rodando filmes nigerianos, e isso gira em torno de 450 milhões de pessoas. O que está acontecendo na Nigéria está causando um verdadeiro pânico no mundo inteiro, mas eles não vão reconhecer isso.

Toda a indústria de filmes americana se baseia na produção de filmes de celuloide em 35 mm. Todo o conjunto de habilidades que compõe a indústria americana se baseia nessa tecnologia. Toshiba (japonesa), Panasonic (japonesa), Sony (japonesa), Hitachi (japonesa), LG (coreana) e outras. Onde está a empresa americana? Eles perderam. Escolheram uma tecnologia que irá morrer com eles, e o custo dessa tecnologia é impossível de se acompanhar. A cada novo empreendimento produzido, era preciso pedir a autorização de Hollywood porque lá costumava estar o maior *pool* de conteúdo do mundo. Mas isso não é mais assim. Em 10 anos, nós produzimos 20 mil filmes na Nigéria, enquanto os Estados Unidos levaram 50 anos para chegar nesse ponto. Aliás, nós provavelmente ultrapassaremos o que Hollywood tem em cerca de 15 anos. O que isso significa?

Quando começamos, a tecnologia era a do VHS, uma tecnologia muito pobre. Houve um progresso do VHS para o HDV, e então para o HD Cam. Eu vou contar qual é o segredo disso: tudo o que é apreciado visualmente torna-se um ponto de referência para os olhos humanos. O que os olhos não podem ver não é relevante. A maior parte dos filmes vindos dos Estados Unidos é usualmente assistido em telas grandes, mas desde 2001 os maiores rendimentos dos estúdios de Hollywood vêm de DVD, e não do cinema. O DVD é um formato de tela pequeno. É televisão. Então se eles estão vendendo filmes para o tamanho de televisão, por que nos dizem para fazer mais filmes para exibição em telas grandes de cinema? Agora, com as HDCams e HD DVDs, a resolução das imagens é aproximadamente aquilo que os olhos conseguem distinguir. Se você coloca uma imagem de 35 mm em uma tela pequena, como de uma televisão, e uma imagem de HDV Cam, provavelmente você não notará a diferença. É onde estamos agora, porque nós temos que estar preparados. Uma vez que cruzarmos esse limiar, nossa demanda se tornará universal.

Em resposta à sua pergunta, nós realmente temos que começar pelo Brasil porque precisamos de toda a ajuda possível. É fatal o que irá acontecer com o entretenimento audiovisual nos Estados Unidos. O mercado afro-americano é o maior bloco consumidor de entretenimento no mundo. É um mercado de 600 bilhões de dólares e contabiliza 32% de toda a receita do entretenimento nos Estados Unidos. Os afro-americanos assistem à maioria dos filmes, ouvem a maioria das músicas e compram mais! O que esse mercado possui é menos do que 5% das propriedades de Hollywood. Eles estão essencialmente desvinculados de Hollywood, são africanos e possuem uma ligação com a Nigéria. São o coração do mercado americano e estamos realmente fazendo produtos que entram nesse mercado. Esse é o maior medo de Hollywood. Agora, eu tenho certeza de que vocês sabem que há um mercado latino nos Estados Unidos. Não é tão grande, mas representa cerca de 350 bilhões de dólares e isso diz respeito a vocês e ao resto da América do Sul. Essa é a dinâmica, são as realidades que estão acontecendo ao redor do mundo.

E o que é mais importante é que os filmes não são apenas negócios, são uma expressão cultural. Competição é aquele tipo de atividade em que não há regra para democracia, liberalização ou globalização de elementos culturais. Você é brasileiro ou não é. Você não pode ser um brasileiro com expressões culturais americanas. Então você tem que decidir se quer defender o seu espaço cultural ou deixá-lo, porque a sua cultura é a expressão coletiva de todos os seus hábitos, preferências, língua, moda, música e tudo o mais. Se tudo isso é influenciado pelo mercado americano, você terá se tornado americano, porque veste roupas americanas, fala como um americano, tem preferências americanas e na verdade não pode sustentar nenhum compromisso com a sua expressão cultural.

Agora o que tem acontecido com a gente na Nigéria nos faz ter algo para mostrar para vocês, e é por isso que estamos aqui. Nós temos que fazer isso porque não se pode defender a si mesmo nesse negócio se você não é dono do próprio produto e se você não faz o próprio povo gostar dele. Os nigerianos assistem a filmes nigerianos em vez de quaisquer outros. Há uma rede DTHS sul-africana que opera há dois anos. Nós a pressionamos para a criação de um canal centrado na África, e eles criaram o canal chamado *Africa Magic*. Para desenvolvê-lo, foi preciso encontrar conteúdo africano, e hoje esse canal transmite 98% ou mais de conteúdo africano. Quando eles começaram, o conteúdo era 100% nigeriano. Para iniciar o canal eles tiveram que comprar 300 filmes e, a princípio, acharam que esse material não faria sucesso. Normalmente um novo canal leva cerca de seis meses para se desenvolver e mais 18 meses para ganhar estímulo e começar a criar receita. O *Africa Magic* foi desenvolvido em seis dias e em três meses já era o canal mais assistido em toda a África.

Durante muito tempo as pessoas quiseram e desejaram algo próprio — uma expressão brasileira, por exemplo —, mas ainda não encontraram meios para alcançar isso porque se preocupam com as grandes companhias americanas. Isso também aconteceu na Nigéria e na África em geral, porque a maior parte das estações de televisão africanas, em lugares como Quênia e Gana, não tinham muita escolha. Para conduzir uma estação de TV, você tinha que ir à Paramount e comprar conteúdo. Esse era um dos poucos destinos para se comprar conteúdo no mundo. Então esse negócio nigeriano aparece, as pessoas adoram e é mais barato do que todo o resto. Todos eles estão comprando. É culturalmente relevante, e não estão prejudicando a sua cultura ao assistir aos filmes nigerianos, porque nós dividimos um sistema de valores, como o respeito pelos mais velhos. Então há poucos riscos à sua cultura ao consumir filmes nigerianos. As pessoas em outros países os adoram e muitos deles já começaram a produzir o próprio conteúdo. Nós temos que fazer o que é possível. Vários outros canais estão sendo criados com isso em mente. Essa é a realidade do que está acontecendo na Nigéria agora.

P: Charles, muito obrigado por estar aqui contando tudo sobre filmes nigerianos. É uma história fantástica. Eu gostaria que tivéssemos mais histórias como a nigeriana para contar em diferentes áreas e espero que assim seja no futuro. Pergunto-me se você poderia contar-nos um pouco sobre o que eu ouvi a respeito de a Nigéria não ter leis referentes a direitos de propriedade intelectual e em que estágio está essa questão. Mas como você estava dizendo, como poderia haver a implantação de uma política de direitos de propriedade intelectual, e que tipo de pressão você ou a indústria sentem com relação a isso hoje? Há um Tratado sobre Transmissão que está sendo discutido agora. Os Estados Unidos estão na lista de países que desrespeitam o tratado. Que tipo de remuneração recebem os autores? Você poderia comentar as leis de direito autoral que protegem os autores, produtores dos filmes e se eles são dessa forma remunerados. Como isso funciona na Nigéria?

R: Existem leis de propriedade intelectual sobre direito autoral, mas o que está acontecendo agora é que várias dessas leis, que foram elaboradas enquanto ainda estávamos envolvidos com os Estados Unidos como nosso fornecedor, estão sendo revistas em função da realidade atual ser outra. Hoje, temos posse dos nossos mercados, e creio que o governo percebeu a importância de se proteger esse trabalho, provendo um sistema que permita aos criadores explorarem o que criaram lucrativamente.

Como isso funciona agora? Primeiramente, o processo criativo, que vai do conceito ao produto final, é gerenciado internamente, por não termos tido envolvimento externo enquanto tudo estava em fase de negociação. Você escreve um texto, negocia o pagamento, recebe a quantia devida, assina os contratos e é isso. Uma vez terminado o produto final, todos os envolvidos no processo criativo terão sido pagos. Este é o modelo nigeriano. Se eu tenho uma gravação original pronta, esta será paga, porque eu assumi o risco de, a partir dela, recuperar o dinheiro que investi, então eu pago o que foi acordado com todos e pronto.

Em seguida passo ao processo de lançamento do produto. Eu não chamaria a pirataria de um "problema", de acordo com o que ocorre na Nigéria. A Nigéria é um país extenso e temos problemas de fornecimento. Em todo lugar temos várias lojas que vendem os produtos, mas todas elas têm que ir até um dos centros específicos para buscá-los, ao menos era assim. Então, o que os produtores fazem para causar um grande impacto e aumentar significativamente a demanda pelo produto é uma transmissão que cobre toda a Nigéria para contar às pessoas que determinado produto já está disponível. Assim, as pessoas aqui já conhecem o produto e vão aos centros perguntar se eles têm aquele produto específico; logo, com essa demanda, eles são forçados a pedir o mesmo produto. O que eles fizeram de errado em função da mudança de formato é que, com a fita VHS, era possível colocar meio milhão de unidades no mercado, mas com CDs é possível apenas inserir um número menor, já que se deve pagar pelos discos e fazer tudo da maneira mais correta. Porém, se tivermos 10 milhões de pessoas que demandam ativamente o produto e lançamos 100 mil CDs, há um enorme problema de fornecimento.

Em alguns casos, as pessoas copiavam os produtos ilegalmente para suprir a demanda. Contudo, não temos mais esse problema, visto que para cada cópia ilegal criamos um novo mercado. Isto acontece porque uma vez que a pessoa assiste ao material e gosta dele, volta ao mesmo lugar para o próximo lançamento e compra o original! O que estamos tentando fazer agora é descentralizar a distribuição dos quatro pontos; estamos colocando lojas por todo o país para que todos fiquem próximos de uma loja. Então, quando o produto for lançado, não importa a quantidade que as pessoas queiram, pois todas as lojas estarão eletronicamente ligadas a um centro de operação a fim de atender aos pedidos em poucas horas. E para atender a essa demanda na cidade de Lagos, temos um equipamento de gravação de VCD, e na semana que vem vou à Alemanha comprar um equipamento de gravação de DVD, de modo que quando alguém quiser, poderemos suprir as requisições na fábrica. Creio que o equipamento de gravação de CD que nós temos executa 25 mil CDs por dia, então poderemos satisfazer a quem quisermos. Mais uma vez, o mercado ou negócio de duplicação é o mais acelerado do mundo. Em quatro anos, foram introduzidos 24 equipamentos de gravação de disco na Nigéria; a África do Sul tem cinco e todos estão trabalhando com capacidade máxima. Antes do fim do ano, teremos provavelmente em torno de 70 equipamentos de gravação. E se estamos reproduzindo VCDs agora, assim que chegarmos ao formato de DVD haverá mais partições entre o produto e seu novo mercado.

P: Quanto custa produzir um VCD ou um DVD?

R: Bom, um filme médio de 90 minutos viria num pacote com CD duplo. O pacote inteiro custa 0,42 dólar, e o preço de varejo fica em 3 dólares.

P: Charles, quando menciona "de 10 mil a 100 mil", isso inclui o custo de marketing ou só o custo de produção?

R: Custo de produção. O custo de marketing é um custo que entra e sai. É tudo baseado no preço de varejo, é um item de despesa, e o custo de produção é um investimento. É nele que se assume o risco. Tudo tem seu lugar. Você decide o lucro marginal que você deseja e aloca o necessário para publicidade. Então, quando o consumidor paga pelo produto, ele já está pagando pela publicidade.

P: E qual é a média de venda para os filmes? Você pode nos dizer?

R: Isso varia. Depende de qual produto, quem o está vendendo, onde eles estão sendo vendidos etc. Mas, em média, cada um destes filmes vende um mínimo de 50 mil unidades. Contudo, tais números podem ser verificados pelos próprios produtores. Se você multiplicar esse número por 20, levando em conta os problemas de fornecimento, esse é o tipo de número que você realmente terá, porque 50 mil cópias atenderiam à Nigéria. O que estamos tentando fazer agora é ver se podemos reconectar estes multiplicadores com o lucro dos produtores. Esse é o enlace do sistema na obstacularização da renda chegando até o fim. E esse é só o cenário nigeriano que eu vislumbro. Se você pensar nisso, temos nos Estados Unidos, ao lado do mercado de americanos de origem sul-africana, Atlanta, Houston, Nova York, Maryland, Dallas, Chicago e Michigan, que são comunidades basicamente nigerianas. Em Dallas, por exemplo, eles possuem até um festival nigeriano. Esse é um mercado completamente diferente. Isso não está conectado ao mercado local. Depois você tem os centros europeus, como em Barcelona, Milão, Amsterdã, Londres, Frankfurt... os nigerianos estão em todo lugar! Agora o que estamos tentando fazer é tentar conectar todos esses mercados, pois precisamos ter uma rede de varejo muito bem organizada para esses produtos.

P: A última pergunta é sobre a qualidade dos filmes. Eu não vi nenhum dos filmes nigerianos, mas para fazer tais filmes creio serem necessários especialistas em diversas áreas. Com o crescente interesse pela indústria cinematográfica nigeriana, eu gostaria de saber se vocês têm muitas escolas de cinema.

R: Sim, temos algumas, não tantas quanto precisamos, mas trata-se de uma área de negócio emergente, tendo em vista que treinamento é essencial e muito dinheiro será gasto com treinamento a partir de agora. Para conhecer as necessidades, precisa-se de pessoas. Quanto à quantidade, o formato original de vídeo padrão não precisa de muitos técnicos. Nem mesmo o formato de 35 milímetros precisava de tantos técnicos. Eles tinham problemas sindicais, querendo criar descrições específicas de trabalho; eles queriam mais gente empregada, então você tinha um *set* de filmagem com alguém para carregar a garrafa d'água para o Al Pacino, Robert Redford ou quem quer que fosse. Mas tivemos que fazer coisas que funcionassem para nossa economia. Não somos a Califórnia, não podemos bancar esse luxo. Se uma pessoa é capaz de fazer tudo, por que não? Isso se deve ao fato de eles terem adotado um modelo que diz: você tem que ter isso, aquilo e aquilo outro. Mas o que você está procurando é a entrega de um produto funcional, que tem boas imagens e que as pessoas possam ver. E quando o produto é entregue, as pessoas não se importam efetivamente se há duas ou 300 pessoas integradas a ele. O importante é que você defina qual trabalho final você deseja ou qual história você deseja contar. Eu acho que histórias e filmes não são feitos por câmeras e equipamentos, são feitos por pessoas. Você não pode fazer as tomadas se você não enxerga isso. Trata-se de pessoas, e não de equipamento. Não é o cara da escola de cinema, nem o cara de Hollywood que lhe dirá se esse é um bom filme. É a pessoa que está assistindo ao filme na própria casa e gostando dele que vai chamar os amigos, e desse modo eles estarão pegando e comentando seus filmes, e a próxima vez em que você fizer outro filme, eles saberão que você fez o último e dirão: "temos que ver isso!" Assim, você terá começado um negócio.

Sobre a distribuição na internet, isso tem a ver com infraestrutura e depende do tipo de extensão que se tem. Percebemos que no fim do dia é o conteúdo que importa. Tudo o que digo a você é: crie conteúdo suficiente e nós seremos a Hollywood do século XXI. Eles conquistaram o século XX possuindo todo conteúdo, mas o conteúdo que está chegando agora não é feito em Hollywood. Creio que o Brasil deveria subir a bordo.

Por fim, gostaria de dizer que o importante são o conteúdo e a vinculação com as questões culturais. O filme precisa retratar um conteúdo que se conecte com o público local e ninguém mais pode fazer conteúdo como aquele que conhece esse público local. Ninguém consegue fazer um filme nigeriano como nós conseguimos e ninguém fará um filme brasileiro como vocês. Eu ouvi alguém dizendo que assim que você ganha dinheiro, a primeira coisa a fazer é procurar um produtor norte-americano. Isso não está correto e não é assim que funciona. O conteúdo deve ser a principal preocupação, e o público saberá reconhecer e se conectará a isso. Eles passarão a sentir-se bem consigo mesmos. Começarão a olhar para si da maneira que você quer que se vejam. Começarão a aceitar e reconhecer a própria realidade sem ficarem envergonhados em relação às demais. Você tem uma população que lhe dará retorno. Por fim, vale lembrar que nem os norte-americanos têm tantas pessoas assistindo aos próprios filmes. Muito obrigado.

Um olhar sobre o cinema nigeriano*

Ayo Kusamotu**

1. Como é a legislação sobre direito autoral na Nigéria? A lei de 1988 trouxe soluções adequadas?

A lei de 1988 revogou o Decreto nº 61 de 1970 e introduziu conceitos originais e inovadores, que foram bastante radicais e dinâmicos.

O Decreto nº 48 de 1988 criminalizou as infrações aos direitos autorais cometidas por pessoas físicas e jurídicas (ver a seção 18 do Decreto nº 47 de 1988). Além disso, tornou possível, de forma simultânea, a responsabilização civil e criminal em relação a uma única

---

* Esta pequena entrevista é uma contribuição do autor ao projeto de pesquisa Open Business, coordenado pelo Centro de Tecnologia e Sociedade, da Escola de Direito da Fundação Getulio Vargas (CTS/FGV). O referido projeto visa a mapear e estudar potenciais formas de negócio que se baseiem na disponibilidade de parte do conteúdo produzido ou do serviço prestado gratuitamente e de forma aberta, inovando no tratamento da propriedade intelectual. O projeto é apoiado pelo IDRC — International Development Research Center (<www.idrc.org>). A tradução do texto original, em inglês, foi realizada por Eduardo Magrani e Koichi Kameda.

** Ayo Kusamotu é advogado e sócio-fundador do escritório Kusamotu & Kusamotu em Lagos, Nigéria. Ele é graduado em direito pela Universidade de Lagos e presidente do Comitê de Tecnologia de Informação e Comunicações da Ordem dos Advogados da Nigéria. Ele é presidente do Comitê Africano da InternetBar.org e é o diretor do projeto *Creative Commons* na Nigéria. É consultor para o projeto One Laptop Per Child. Foi membro do comitê presidencial da Nigéria que redigiu a legislação de propriedade intelectual do país, em 2001, e foi conselheiro para o Economic Community of West African States (Ecowas) nas negociações com a União Europeia em acordos econômicos.

infração (seção 21). A lei também incorporou o uso da *Anton Piller Order*[1] com a exigência de que um policial que não pertença à posição de Superintendente Adjunto da Polícia deve acompanhar o "proprietário" até o local (seção 22). Entre outras reformas, foi introduzida a ideia de direitos conexos. Em virtude dessa disposição, a um intérprete foi dado o direito exclusivo de controle, em relação à sua performance, desempenho, gravação, transmissão ao vivo, reprodução em qualquer forma material e adaptação da performance (seção 23). O direito deverá subsistir até o fim do período de 50 anos, contado a partir do fim do ano em que houve a primeira apresentação (seção 24). O ato tornou a infração passível de responsabilização não apenas civil, mas também criminal (seção 26 e seção 27).

Pela primeira vez, a lei estabeleceu o Conselho Nigeriano de Direito Autoral como responsável pela gestão de todas as questões concernentes a direitos autorais na Nigéria (seção 30).

No entanto, apesar dessas reformas, a propriedade intelectual não foi intensificada de forma adequada. Violações a direitos autorais aumentaram. Ironicamente, no entanto, o aumento da pirataria não afetou a popularidade da indústria de filmes.

Um olhar mais atento ao *modus operandi* da indústria de filmes revela que é preciso demarcar os pontos de vista sobre a indústria a partir de duas perspectivas. Em primeiro lugar, a partir da perspectiva dos espectadores, há uma demanda enorme por filmes. Eles vão comprar os vídeos em qualquer lugar onde possam obtê-los. Não se preocupam se os vídeos são piratas ou não, e sentem que a indústria de filmes tem sido um sucesso retumbante.

No entanto, os produtores acham que a pirataria tem sido a ruína da indústria. Em minha opinião, creio que o que os produtores realmente querem dizer é que a pirataria reduziu consideravelmente a renda deles.

---

[1] Em alguns países do sistema jurídico da *common law*, a chamada *Anton Piller Order* é uma decisão judicial que garante o direito de se acessar e vasculhar determinada localidade para fins de produção de prova sem aviso prévio.

Acredito que a pirataria tem realmente ajudado a popularizar os filmes nigerianos. Foi a vontade do público que criou o mercado, e os inovadores comerciantes em Idumota, os quais, através de sua indústria, criaram canais de distribuição para esses filmes, tornando-os acessíveis a toda a população do país. Na época em que o direito autoral ainda não havia sido intensificado de forma adequada, durante os anos 1970 e 1980, a indústria de filmes já prosperava.

Isso torna bastante claro para mim que é tempo de começarmos a avaliar o papel dos direitos de autor na produção cultural. O exemplo nigeriano mostra claramente que o direito autoral, como é conhecido hoje, não é o catalisador para a produção cultural ou a motivação para ela. Caso contrário, a indústria nigeriana de filmes nunca teria surgido por causa da fraca aplicação das leis, que ainda persiste. Apesar disso, muito pelo contrário, a indústria se fortificou.

2. Você menciona que o surgimento da indústria cinematográfica está muito mais ligado a fatores sociais do que a incentivos promovidos pelo direito de propriedade intelectual. Você poderia desenvolver isso?

O escritor de um popular tabloide nigeriano estabeleceu uma cesta básica de 20 itens que seriam indispensáveis na casa de um africano, e para o meu espanto um deles era um filme pirata. Os direitos autorais, como conceito, foram criados pelo Ocidente. Eu não estou tentando soar radical, mas a história confirma que os direitos autorais começaram na sociedade ocidental durante o Renascimento. Os direitos autorais não fazem parte da nossa cultura nem de muitas outras. Confúcio, depois de terminar um livro, teria dito: "Eu finalmente terminei o meu maior trabalho e eu estou orgulhoso de dizer que nem uma única ideia é minha."

Os direitos autorais existem para proteger o investimento intelectual, e não para fomentar a criatividade. A produção cultural é como se fosse o resultado da paixão e de talentos inatos. A produção cultural não pode ser segregada da existência humana. Dito de outro modo, sempre que houver seres humanos, haverá produção cultural, e esta ocorrerá independentemente do retorno econômico.

O exemplo da Nigéria é a prova disso. Em termos culturais, entretenimento é um "querer", e não uma "necessidade", que é preenchida pelo desejo irresistível de entretenimento. Este é o fator social que estimula a criatividade humana, em vez de leis de propriedade intelectual. Por parte dos atores, ele começa com o talento inato e o amor pelas luzes dos holofotes.

A indústria nigeriana de filmes surgiu como o resultado de fatores econômicos. À época, a indústria de filmes nigeriana cresceu em razão de empresários que aproveitaram a oportunidade criada pela crise econômica para proporcionar entretenimento às massas de audiência da Nigéria. A primeira legislação local de direitos autorais foi o Decreto nº 61, promulgado pelo então Governo Militar Federal, em 1970. Posteriormente, o decreto foi alterado pelo Governo Militar em 1988, por meio do Decreto nº 48, Decreto nº 98 de 1992 e Decreto nº 42 de 1999, e hoje temos o Ato de Direitos Autorais, cap. 28, 2004. Essas emendas foram o resultado da demanda por uma política de direitos autorais mais efetiva e por medidas antipirataria.

Com o crescimento da economia, os autores exigiram maior proteção dos seus direitos autorais. Isso levou ao maior controle, a maiores períodos de proteção dos direitos autorais e ao aumento da penalidade em casos de violação aos direitos autorais. No entanto, essas emendas não refrearam os abusos aos direitos autorais. Na verdade, houve um recrudescimento da pirataria, o que, contudo, não impediu a ascensão e a popularidade da indústria de filmes nigerianos. Com razão, o governo continuou apresentando emendas às leis de direitos autorais, a fim de enfrentar as novas ameaças e a evolução tecnológica, mas a lei não poderia regular o comportamento humano. Pelo contrário, a pirataria aumentou nesses anos como resultado da demanda por parte dos consumidores.

Muitas pessoas esquecem que a razão pela qual falamos hoje sobre a indústria nigeriana de filmes é porque os filmes são feitos de modo muito mais barato e rápido. As pessoas são atraídas por esses filmes porque eles refletem os desafios diários da sociedade e os medos com os quais elas lidam. Os filmes piratas são vendidos e distribuídos em todo o país a preços acessíveis. É realmente irônico que sem a pirataria os filmes não estariam tão facilmente disponíveis em todo o país. O primeiro passo em qualquer negócio é a existência de uma demanda. O lucro vem depois. Com isso, os produtores continuam fazendo filmes e os atores competem vigorosamente por papéis nessas obras, apesar da pirataria.

Esta obra foi produzida nas
oficinas da Imos Gráfica e Editora na
cidade do Rio de Janeiro